Gratins

Michael Wissing

Gratins

Raffiniert Überbackenes, herzhafte Aufläufe, luftig-leichte Soufflés

Mit Rezepten von Andreas Neubauer

AT Verlag

Sämliche Rezepte sind, sofern nicht anders vermerkt, für 4 Personen berechnet.

AT Verlag, Baden und München
Rezepte: Andreas Neubauer
Fotos: Michael Wissing
Lithos: Vogt-Schild Druck, Derendingen
Druck und Bindearbeiten: Druckerei Uhl, Radolfzell
Printed in Germany

ISBN 978-3-03800-362-5

www.at-verlag.ch

Inhaltsverzeichnis

Pikante Gratins, Aufläufe und Soufflés

Spargelauflauf

Für 4–6 Personen

1 kg weißer Spargel, geschält, holzige Enden entfernt
2 Schalotten, fein gewürfelt
75 g Butter
100 ml Weißwein
2–3 Scheiben Zitrone
600 g Toastbrot, am besten am Stück
2 Eier
3 Eigelb
100 ml Milch
125 ml Rahm
Salz, Pfeffer aus der Mühle, Muskatnuss
100 g geriebener Bergkäse
3 EL fein geschnittener Schnittlauch
150 g gekochter Schinken, gewürfelt

Die Spargelschalen in ein Tuch geben und den Saft in eine Schüssel pressen.
Die Schalotten in einer weiten Pfanne in der zerlassenen Butter andünsten. Die Spargelstangen und den ausgepressten Spargelsaft beifügen. Den Wein hinzugießen und die Zitronenscheiben auf den Spargel legen. Den Spargel zugedeckt bei schwacher Hitze etwa 12 Minuten garen.
Inzwischen den Ofen auf 180 Grad vorheizen. Das Toastbrot in etwa 2 cm dicke Scheiben schneiden (bei bereits geschnittenem Toastbrot jeweils 2 Scheiben aufeinanderlegen), entrinden und dicht nebeneinander in ein mit Backpapier ausgelegtes tiefes Backblech legen. Mit dem Spargelkochfond beträufeln und die Spargelstangen auf die getränkten Brotscheiben legen.
Eier, Eigelbe, Milch und Rahm miteinander verquirlen, mit Salz, Pfeffer und Muskat würzen, Käse und Schnittlauch darunterrühren. Den Guss gleichmäßig über die Spargelstangen gießen. Die Schinkenwürfel darauf verteilen. Den Auflauf im vorgeheizten Ofen etwa 30 Minuten backen.

Ciabatta-Auflauf mit Tomaten und Champignons

Ca. 300 g Ciabattabrot
3 Fleischtomaten, Stielansatz entfernt
3–4 große Champignons
Butter für die Form
30 g Walnüsse, grob gehackt
¼ l Milch
2 Eier
je 1–2 Stengel Petersilie, Basilikum und Oregano, Blättchen abgezupft, fein gehackt
150 g geriebener Käse
Salz, Cayennepfeffer

Das Brot in etwa 1 cm dicke Scheiben schneiden. Die Tomaten ebenfalls in 1 cm dicke Scheiben schneiden, ebenso die Champignons. Brot-, Tomaten- und Champignonscheiben abwechselnd schuppenartig in eine ausgebutterte Auflaufform schichten und mit den Walnüssen bestreuen.
Den Ofen auf 200 Grad vorheizen.
Die Milch mit den Eiern, den gehackten Kräutern und dem Käse verquirlen, mit Salz und Cayennepfeffer kräftig würzen. Den Guss in die Gratinform gießen und den Auflauf im vorgeheizten Ofen 25–30 Minuten backen.

Überbackener Lauch im Schinkenmantel

3 Stangen Lauch, gewaschen, in ca. 10 cm lange Stücke geschnitten
ca. 150 g gekochter Schinken, in Scheiben
50 g Butter, zusätzlich Butter für die Form
2–3 TL Mehl
½ l Milch
Salz, Pfeffer aus der Mühle, Muskatnuss
100 g geriebener Käse

Den Ofen auf 180 Grad vorheizen.
Die Lauchstücke mit dem Schinken umwickeln und nebeneinander in eine ausgebutterte Gratinform geben.
Die Butter in einem Topf erhitzen, das Mehl einstreuen. Nach und nach die Milch darunterrühren, bis eine sämige Sauce entsteht. Mit Salz, Pfeffer und Muskat würzen. Die Sauce über den Lauch im Schinkenmantel in die Gratinform gießen. Mit dem Käse bestreuen und im vorgeheizten Ofen etwa 25–30 Minuten backen.

Knödelgratin mit Tomaten und Mozzarella

Für eine Form von etwa 30 cm Länge (ca. 4–6 Personen)

Knödel:
4 EL Butter
3 Schalotten, fein gewürfelt
70 g magerer Speck, klein gewürfelt
300 g Toastbrot, entrindet, gewürfelt
70 g italienische Salami, klein gewürfelt
2 Eier
150 ml Milch, heiß
2 EL gehackte Petersilie
Salz, Pfeffer aus der Mühle

6 mittelgroße Tomaten, Stielansatz entfernt, in Scheiben geschnitten
250 g Mozzarella, in Scheiben geschnitten
6 EL Olivenöl
2 EL Pinienkerne
½ Bund Basilikum, Blätter in feine Streifen geschnitten

2 Esslöffel Butter erhitzen, Schalotten und Speck darin anbraten, dann mit den Brotwürfeln in eine große Schüssel geben. Die Salamiwürfel, die Eier, die heiße Milch und die Petersilie hinzufügen. Salzen, pfeffern und alles gut miteinander vermischen.
Ein großes Stück Alufolie mit 1 Esslöffel Butter bestreichen. Die Knödelmasse daraufgeben und fest in die Folie einwickeln. Die Folienenden gut eindrehen und die Rolle mehrmals mit einer Gabel einstechen. Die Knödelrolle in siedendem Wasser etwa 30 Minuten garen.
Den Ofen auf 200 Grad vorheizen. Eine Gratinform mit der restlichen Butter einfetten.
Den Knödel aus der Folie wickeln und in 1 cm breite Scheiben schneiden. Abwechselnd mit den Tomaten- und Mozzarellascheiben in die Form schichten. Mit dem Olivenöl beträufeln, mit Pinienkernen und Basilikum bestreuen, salzen, pfeffern. Im vorgeheizten Ofen etwa 20 Minuten backen.

Knödelgratin mit Tomaten und Mozzarella

Polenta-Gemüse-Gratin

Für 4–6 Portionen

1 rote und 1 gelbe Paprika (Peperoni), halbiert, entkernt, gewürfelt
2 Knoblauchzehen, gepresst
4 EL Olivenöl
1 EL Zucker
2 kleine Zucchini, grob gewürfelt
1 kleine Aubergine, grob gewürfelt
10 Cherrytomaten, halbiert
1 EL Tomatenmark
Salz, Pfeffer aus der Mühle
2 EL weißer Balsamicoessig

Polenta:
400 ml Geflügelbrühe
100 g Maisgrieß (Instant-Polenta)
50 g weiche Butter
75 g Parmesan, frisch gerieben
je 2 EL gehackter Rosmarin und Thymian
2 Eier

3 EL geschlagener Rahm
Butter für die Form

Die Paprikawürfel zusammen mit dem durchgepressten Knoblauch im heißen Olivenöl etwa 4 Minuten anbraten. Dabei mit dem Zucker bestreuen und diesen leicht karamellisieren lassen. Dann das restliche Gemüse hinzufügen, das Tomatenmark darunterrühren und weitere 6 Minuten braten. Mit Salz und Pfeffer würzen, den Balsamicoessig daruntermischen und das Gemüse beiseitestellen.
Die Brühe aufkochen, den Grieß unter Rühren in die kochende Brühe einstreuen, die Temperatur reduzieren und den Grieß etwa 5 Minuten ausquellen lassen. Dabei ständig weiterrühren. Die Butter, zwei Drittel des Parmesans, die gehackten Kräuter und die Eier nach und nach unter den Grießbrei rühren. Mit Salz abschmecken.
Den Backofen auf 200 Grad vorheizen.
Die Hälfte der Polenta in eine ausgebutterte Auflaufform gießen und glattstreichen.
Die Gemüsemischung darauf verteilen. Die restliche Polenta auf das Gemüse geben.
Den geschlagenen Rahm mit dem restlichen Parmesan mischen und auf den Polentaauflauf streichen. Im vorgeheizten Ofen etwa 10–12 Minuten goldbraun gratinieren.

Gratinierte Schinkenrollen mit Ananas-Reis-Füllung

200 g Reis
½ l Wasser
Salz
1 Baby-Ananas, geschält, geviertelt, harter Strunk entfernt, Fruchtfleisch klein gewürfelt
8 Scheiben gekochter Schinken
Butter für die Form

125 g Crème fraîche
150 g Schmelzkäse im Becher (streichfähig)
100 ml Geflügelbrühe
Salz, Cayennepfeffer, Muskatnuss
100 g geriebener Käse

Den Reis mit dem Wasser und 1 Prise Salz in einen Topf geben, aufkochen und bei reduzierter Hitze 12 bis 14 Minuten unter gelegentlichem Umrühren garen.
Die Ananaswürfel unter den Reis mischen.
Die Reis-Ananas-Mischung auf den Schinkenscheiben verteilen, diese aufrollen und nebeneinander in eine ausgebutterte Gratinform setzen.
Den Backofen auf 200 Grad vorheizen.
Die Crème fraîche mit dem Schmelzkäse und der Brühe verrühren, mit Salz, Cayennepfeffer und Muskat würzen und die Sauce über die Schinkenrollen gießen. Mit dem geriebenen Käse bestreuen und im vorgeheizten Ofen etwa 20 Minuten backen.

Gratinierte Schinkenrollen mit Ananas-Reis-Füllung

Pilzgratin

80 g Speck, fein gewürfelt
1 Zwiebel, klein gewürfelt
50 g Butter
1 EL Mehl
100 ml Weißwein
200 ml Rahm
100 ml Geflügel- oder Gemüsebrühe
Salz, Pfeffer aus der Mühle
500 g Champignons, geputzt, je nach Größe halbiert oder geviertelt
80 g würziger Bergkäse, fein gerieben
Butter für die Form
6 Scheiben Toastbrot, diagonal halbiert
1 Bund Schnittlauch, in feine Ringe geschnitten

Speck und Zwiebel in der zerlassenen Butter andünsten, mit dem Mehl bestäuben, mit dem Wein ablöschen, Rahm und Brühe dazugießen und etwas einkochen lassen.
Die sämige Sauce mit Salz und Pfeffer würzig abschmecken. Zuletzt die Champignons und den Käse daruntermischen.
Den Backofen auf 180 Grad vorheizen.
Das Pilzragout in eine ausgebutterte Auflaufform geben. Die Brotscheiben schuppenartig schräg hineinstellen. Den Gratin 15–20 Minuten im vorgeheizten Ofen backen. Mit Schnittlauch bestreut servieren.

Bratwurst-Sauerkraut-Gratin

1 Apfel, gewaschen
250 g Sauerkraut
Butter für die Form
5 Bratwürste
Öl zum Braten
500 g gekochte Kartoffeln, geschält, in dicke Scheiben geschnitten
200 ml Rahm
1 EL Senf
4 Eier
Salz, Cayennepfeffer
2–3 Zweige Thymian, grob gehackt
50 g Greyerzer, fein gerieben

Den Apfel vom Kerngehäuse befreien und klein würfeln. Die Apfelwürfel unter das Sauerkraut mischen und in vier kleine oder eine große ausgebutterte Auflaufform verteilen.
Die Bratwürste in heißem Öl in einer Pfanne anbraten und in dicke Scheiben schneiden. Abwechselnd Bratwurst und Kartoffelscheiben auf die Sauerkrautmischung setzen.
Den Backofen auf 200 Grad vorheizen.
Den Rahm mit Senf und den Eiern verquirlen, mit Salz und Cayennepfeffer würzen und über das Sauerkraut und die Wurst- und Kartoffelscheiben gießen.
Mit dem Thymian und dem Käse bestreuen und etwa 25 Minuten im vorgeheizten Ofen backen.

Moussaka

1 Zwiebel, klein gewürfelt
2 Knoblauchzehen, klein gewürfelt
2–3 EL Olivenöl
400 g gemischtes Hackfleisch
1 EL Tomatenmark
100 ml Rotwein
400 g gehackte Tomaten aus der Dose
Salz, Pfeffer aus der Mühle, Zimt
2 EL gehackter Oregano
1 EL gehackter Thymian
2 große Auberginen
Olivenöl zum Braten und für die Form

50 g Butter
2 TL Mehl
½ l Milch
Muskatnuss
80 g geriebener Greyezer

500 g Kartoffeln, gekocht, geschält, in dünne Scheiben geschnitten

Zwiebel und Knoblauch im heißen Olivenöl anbraten. Das Hackfleisch hinzufügen und anbraten. Das Tomatenmark darunterrühren, mit dem Wein ablöschen und die Dosentomaten hinzufügen. Mit Salz, Pfeffer und Zimt würzen, die Kräuter daruntermischen und alles bei schwacher Hitze etwa 30 Minuten köcheln lassen.
Inzwischen die Auberginen der Länge nach in dünne Scheiben schneiden, trockentupfen und portionsweise in heißem Öl von beiden Seiten anbraten. Dann auf Küchenpapier abtropfen lassen.

Den Backofen auf 200 Grad vorheizen.
Die Butter in einem Topf erhitzen, das Mehl einstreuen und nach und nach die Milch darunterrühren, bis eine sämige Sauce entstanden ist. Mit Salz und Muskat würzen und den Käse darunterrühren.
Eine Auflaufform mit Öl einfetten. Die Hälfte der Auberginenscheiben in die Form legen, die Kartoffelscheiben daraufschichten, die Hackfleischsauce darauf verteilen und mit den restlichen Auberginenscheiben bedecken. Die Käsesauce darüber verteilen und die Moussaka im vorgeheizten Ofen etwa 30–40 Minuten goldbraun backen.

Kohlrabi-Lasagne

Für 4–6 Personen

1 kg Kohlrabi, geschält, in dünne Scheiben geschnitten
2 Schalotten, fein gewürfelt
50 g Butter
1 EL Mehl
150 ml Weißwein
¼ l Geflügelbrühe
200 ml Rahm
100 g Rucola, geputzt und gewaschen
Salz, Pfeffer aus der Mühle
12 Lasagneteigblätter
Butter für die Form
3 Fleischtomaten, gehäutet, geviertelt, entkernt, in Streifen geschnitten
200 g frisch geriebener Parmesan
2 Eigelb
100 ml Rahm
3 EL Sonnenblumenkerne

Die Kohlrabischeiben etwa 1 Minute in kochendem Salzwasser garen. Abschütten und kalt abschrecken.
Die Schalotten in der heißen Butter andünsten. Mit Mehl bestäuben, dann mit dem Wein ablöschen. Die Brühe und den Rahm dazugießen und alles um ein Drittel einkochen lassen. Die vorgegarten Kohlrabischeiben und den Rucola daruntermischen, mit Salz und Pfeffer würzen und abkühlen lassen.

Inzwischen die Lasagneteigblätter in reichlich kochendem Salzwasser etwa 6 Minuten bissfest garen. Abschütten und kalt abschrecken.
Den Ofen auf 180 Grad vorheizen.
In eine ausgebutterte Auflaufform abwechselnd Nudelteigblätter, Kohlrabigemüse, Tomatenstreifen und Parmesan schichten. Mit einem Nudelteigblatt abschließen.
Die Eigelbe mit dem Rahm verquirlen, über die Lasagne gießen und mit Sonnenblumenkernen bestreuen. Die Lasagne im vorgeheizten Ofen etwa 40 Minuten backen.

Lasagne, klassisch

1 Zwiebel, fein gewürfelt
2 Knoblauchzehen, fein gewürfelt
2–3 EL Olivenöl
500 g gemischtes Hackfleisch
1 EL Tomatenmark
150 ml Rotwein
400 g gehackte Dosentomaten
Salz, Pfeffer aus der Mühle
2 EL gehackter Oregano
1 EL gehackter Thymian

12–16 Lasagneteigblätter

50 g Butter
3 TL Mehl
½ l Milch
Cayennepfeffer, Muskatnuss

Olivenöl für die Form
100 g frisch geriebener Parmesan

Zwiebel und Knoblauch im heißen Olivenöl anbraten. Das Hackfleisch hinzufügen und bei großer Hitze mitbraten. Das Tomatenmark darunterrühren, dann mit dem Wein ablöschen und die Dosentomaten dazugeben. Mit Salz und Pfeffer würzen, die Kräuter beifügen und die Fleischsauce bei schwacher Hitze etwa 1 Stunde köcheln lassen.
Inzwischen die Lasagneteigblätter in kochendem Salzwasser bissfest garen. Abschütten, kalt abschrecken und trockentupfen.

Für die Béchamelsauce die Butter in einem Topf erhitzen, das Mehl einstreuen. Nach und nach die Milch darunterrühren, bis eine sämige Sauce entsteht. Die Sauce bei schwacher Hitze unter gelegentlichem Umrühren einige Minuten köcheln lassen. Mit Salz, Cayennepfeffer und Muskat würzen.
Den Ofen auf 200 Grad vorheizen.
Eine Auflaufform mit Öl einfetten. Abwechselnd Lasagneteigblätter, Hackfleischsauce, zwei Drittel der Béchamelsauce und des Parmesans in die Auflaufform einschichten. Mit einer Lage Lasagneteigblätter abschließen. Die restliche Béchamelsauce darauf verteilen und mit dem restlichen Käse bestreuen. Die Lasagne im vorgeheizten Ofen etwa 30–40 Minuten goldbraun backen.

Kürbis-Makkaroni-Auflauf

Für eine Form von 26 cm Länge
für ca. 4 Portionen

200 g Makkaroni

2 Schalotten, fein gewürfelt
30 g Butter
600 g Kürbis, geschält, entkernt, in feine Schnitze geschnitten
1 TL Zucker
Salz, Pfeffer aus der Mühle, Muskatnuss

50 g Butter
3 EL Mehl
¾ l Milch
40 g Amaretti (italienisches Bittermandelgebäck)
2 EL gehackte Haselnüsse

40 g Parmesan, frisch gerieben
20 g Butter in Flocken, zusätzlich Butter für die Form

Die Makkaroni in reichlich kochendem Salzwasser bissfest garen, abschütten, kalt abschrecken und abtropfen lassen.
Inzwischen die Schalotten in der Butter glasig dünsten, den Kürbis hinzufügen. Mit dem Zucker bestreuen, mit Salz, Pfeffer und Muskat würzen. Den Kürbis zugedeckt bei kleiner Hitze nicht allzu weich dünsten.
Für die Sauce in einem Topf die Butter aufschäumen lassen, das Mehl einrühren. Die Milch hinzufügen und aufkochen. Die Sauce mit Salz, Pfeffer und Muskat würzen und etwa 10 Minuten leise köcheln lassen.
Die Amaretti in einen Gefrierbeutel geben und mit dem Nudelholz fein zerbröseln. Haselnüsse und Amaretti unter die Sauce rühren.
Den Ofen auf 200 Grad vorheizen. Eine Auflaufform ausbuttern.
Die Hälfte der Teigwaren in der Form verteilen, die Hälfte des Kürbisgemüses daraufgeben und mit der Hälfte der Sauce übergießen. Dann ebenso die zweite Hälfte von Teigwaren, Kürbis und Sauce schichtweise in die Form füllen.
Mit dem Parmesan bestreuen und mit Butterflöckchen belegen. Den Auflauf im vorgeheizten Ofen 30–40 Minuten backen.

Nudel-Erbsen-Schinken-Gratin

200 g kurze Makkaroni oder eine andere ähnliche Teigwarensorte
200 g Tiefkühlerbsen, aufgetaut
2 Karotten, geschält, klein gewürfelt
150 g gekochter Schinken, am Stück, klein gewürfelt
50 g Butter, zusätzliche Butter für die Form
2 TL Mehl
¼ l kräftige Fleischbrühe
200 ml Rahm
Salz, Cayennepfeffer
Salz, Pfeffer aus der Mühle, Muskatnuss
Saft von ½ Zitrone
50 g frisch geriebener Greyerzer

Die Teigwaren in kochendem Salzwasser etwa 5 Minuten garen, dann die Erbsen und die Karottenwürfelchen hinzufügen und 2 Minuten mitkochen. Die Teigwaren-Gemüse-Mischung abschütten, kalt abschrecken und zusammen mit den Schinkenwürfeln in eine gebutterte Auflaufform verteilen.
Den Ofen auf 200 Grad vorheizen.
Die Butter in einem Topf aufschäumen lassen, das Mehl einrühren. Nach und nach die Brühe und dann den Rahm dazugießen, bis eine sämige Sauce entsteht. Diese mit Salz, Pfeffer, Muskat und Zitronensaft kräftig würzen. Die Sauce über die Nudelmischung in die Form gießen und mit dem Käse bestreuen. Im vorgeheizten Ofen etwa 35 Minuten backen.

Nudel-Erbsen-Schinken-Gratin

Tortellini-Broccoli-Auflauf à la carbonara

500 g Ricotta-Spinat-Tortellini (siehe Grundrezept oder Fertigprodukt)
1 Broccoli, in kleine Röschen zerteilt
1 Zwiebel, fein gewürfelt
1 Knoblauchzehe, fein gewürfelt
150 g Speck, fein gewürfelt
50 g Butter
¼ l Rahm
100 ml kräftige Fleischbrühe
Salz, Pfeffer aus der Mühle, Muskatnuss
3 Eigelb
Butter für die Form
100 g geriebener Käse

Die Tortellini nach dem Rezept Seite 110 zubereiten.
Den Ofen auf 200 Grad vorheizen.
Die Tortellini zusammen mit den Broccoliröschen in kochendem Salzwasser etwa 4 Minuten garen. Abschütten und kalt abschrecken.
Zwiebel-, Knoblauch- und Speckwürfel in der zerlassenen Butter andünsten. Den Rahm und die Brühe hinzufügen und etwas einkochen lassen. Mit Salz, Pfeffer und Muskat abschmecken, etwas abkühlen lassen, dann die Eigelbe darunterrühren.
Die Tortellini-Broccoli-Mischung in eine ausgebutterte Auflaufform verteilen, mit der Sauce übergießen und mit dem Käse bestreuen. Den Auflauf im vorgeheizten Ofen etwa 25 Minuten backen.

Tortellini-Tortilla

500 g Käse-Tortellini (siehe Grundrezept oder Fertigprodukt)
8 Eier
100 g geriebener Käse
Salz, Pfeffer aus der Mühle
2 EL Olivenöl
1 Zwiebel, fein gewürfelt
1 Chilischote, längs halbiert, entkernt, fein gehackt
150 g ausgelöste frische oder Tiefkühlerbsen
200 g Chorizo-Wurst, geschält, in Scheiben geschnitten

Die Tortellini nach Rezept Seite 110 zubereiten.
Den Ofen auf 200 Grad vorheizen.
Die Tortellini in kochendem Salzwasser etwa 4 Minuten garen. Abschütten und abtropfen lassen.
Die Eier mit dem geriebenen Käse verquirlen und mit Salz und Pfeffer würzen.
Das Öl in einer ofenfesten Pfanne erhitzen. Zwiebel und Chilischote darin andünsten. Die Erbsen hinzufügen und kurz mitdünsten. Dann die Tortellini und die Wurstscheiben daruntermischen. Die verquirlte Ei-Käse-Mischung darübergießen. Die Tortilla im vorgeheizten Ofen etwa 25 Minuten stocken lassen und leicht gratinieren.

Ungarischer Kartoffelgratin

Für 4–6 Personen oder 1 Form von etwa 26 cm Länge

1 kg fest kochende Kartoffeln, geschält
150 g Butter
3 kleine Zwiebeln, fein gewürfelt
2 Knoblauchzehen, fein gewürfelt
1 EL Paprikapulver, edelsüß
200 g gehackte Dosentomaten
Salz, Pfeffer aus der Mühle
Butter für die Form
250–300 ml Geflügelbrühe
3 Zweige Thymian, Blätter abgezupft, gehackt
2 Lorbeerblätter

Die Kartoffeln in etwa 3 mm dicke Scheiben schneiden oder hobeln.
100 g Butter in einem weiten Topf schmelzen, Zwiebeln und Knoblauch darin andünsten, mit dem Paprikapulver bestreuen. Die Tomaten zusammen mit den Kartoffeln dazugeben, mit Salz und Pfeffer würzen.
Den Ofen auf 180 Grad vorheizen.
Die Kartoffelmischung in die ausgebutterte Form geben; die Kartoffeln dabei nach Belieben dachziegelartig einschichten. Mit der Brühe begießen und mit dem Thymian bestreuen, zuletzt die Lorbeerblätter darauflegen. Die restlichen 50 g Butter in Flöckchen auf dem Gratin verteilen.
Den Gratin im vorgeheizten Ofen etwa 1 Stunde backen, bis alle Flüssigkeit aufgesogen ist. Vor dem Servieren die Lorbeerblätter entfernen.

Kartoffel-Spinat-Gratin

Für 4–6 Personen

800 g fest kochende mittelgroße Kartoffeln, gewaschen, geschält
3 Schalotten, fein gewürfelt
2 Knoblauchzehen, fein gewürfelt
50 g Butter
500 g frischer Blattspinat, geputzt, gewaschen
Salz, Pfeffer aus der Mühle, Muskatnuss
Butter für die Form
400 ml Milch
150 g Crème fraîche
100 g geriebener Greyerzer

Die Kartoffeln in dünne Scheiben schneiden oder hobeln.
Schalotten und Knoblauch in der zerlassenen Butter andünsten. Den Spinat hinzufügen und zusammenfallen lassen. Mit Salz, Pfeffer und Muskat kräftig würzen. Den Spinat in eine ausgebutterte Auflaufform verteilen. Die Kartoffelscheiben schuppenartig darauflegen.
Den Ofen auf 180 Grad vorheizen.
Die Milch zum Kochen bringen. Die Crème fraîche und 80 g Käse darunterrühren, mit Salz, Pfeffer und Muskat würzen. Die Sauce über die Kartoffelscheiben gießen und mit dem restlichen Käse bestreuen.
Den Gratin im vorgeheizten Ofen etwa 40 Minuten goldbraun backen.

Kartoffel-Lauch-Gratin

Für eine Form von etwa 26 cm Länge

800 g fest kochende Kartoffeln, gewaschen, geschält
½ l Milch
150 g Crème fraîche
100 g geriebener Greyerzer
Salz, Pfeffer aus der Mühle, Muskatnuss
1 Knoblauchzehe
2 Stangen Lauch, gründlich gewaschen, in Scheiben geschnitten
50 g Butter, zusätzlich Butter für die Form

Die Kartoffeln in etwa 3 mm dünne Scheiben schneiden oder hobeln.
Die Milch in einem großen, weiten Topf zum Kochen bringen. Crème fraîche und 80 g Käse darunterrühren, mit Salz, Pfeffer und Muskat kräftig würzen. Den Knoblauch dazupressen. Die Kartoffelscheiben beifügen und alles bei kleiner Hitze etwa 10 Minuten leise köcheln lassen. Dabei immer wieder vorsichtig umrühren.
Den Ofen auf 180 Grad vorheizen.
Den Lauch unter die Kartoffeln heben, alles in eine ausgebutterte Auflaufform füllen, die Oberfläche mit einem Spatel glätten.
Mit dem restlichen Käse bestreuen und die Butter in Flöckchen darauf verteilen.
Den Gratin im vorgeheizten Ofen etwa 40 Minuten goldgelb überbacken.

Kartoffel-Blumenkohl-Auflauf

500 g möglichst fest kochende Kartoffeln, geschält
½ Blumenkohl (ca. 500 g), in Röschen zerteilt
125 g Crème fraîche
150 g Schmelzkäse im Becher (streichfähig)
100 ml Geflügelbrühe
2 EL gehackte Petersilie
Salz, Cayennepfeffer, Muskatnuss
Butter für die Form
150 g gekochter Schinken, gewürfelt
50 g geriebener Käse

Die Kartoffeln in Salzwasser 20 Minuten kochen, abschütten, abkühlen lassen, dann in Scheiben schneiden. Die Blumenkohlröschen in Salzwasser etwa 10 Minuten garen.
Den Ofen auf 180 Grad vorheizen.
Die Crème fraîche mit Schmelzkäse, Brühe und Petersilie verrühren, mit Salz, Cayennepfeffer und Muskat würzen.
Kartoffelscheiben, Schinkenwürfel und Blumenkohl in eine ausgebutterte Auflaufform geben, die Sauce darüber verteilen.
Alles etwas mischen, dann mit dem geriebenen Käse bestreuen und im vorgeheizten Ofen rund 35–40 Minuten backen.

Kartoffel-Kürbis-Tortilla

Für 4–8 Personen

8 Eier
3 Zweige Thymian, Blättchen abgezupft
Salz, Pfeffer aus der Mühle, Muskatnuss
2–3 EL Olivenöl
500 g Hokkaido-Kürbis, gewaschen, entkernt, samt Schale gewürfelt
400 g gekochte Kartoffeln, geschält, gewürfelt
1 Zwiebel, in dünne Scheiben geschnitten
Butter für die Form
6–8 Scheiben Frühstücksspeck

Den Ofen auf 200 Grad vorheizen.
Die Eier mit den Thymianblättchen verquirlen, mit Salz, Pfeffer und Muskat würzen.
Das Öl erhitzen und den Kürbis darin unter Rühren etwa 5 Minuten anbraten. Kartoffeln und Zwiebel beifügen und kurz mitbraten. Alles in eine ausgebutterte Gratinform verteilen. Die Eimischung darübergießen, mit den Speckscheiben belegen und im vorgeheizten Ofen etwa 20 Minuten backen.

Kartoffelpüree-Gratin mit Tomaten und Fleischbällchen

500 g mehlig kochende Kartoffeln
¼ l Milch
Salz, Muskatnuss
50 g Butter
3 mittelgroße Tomaten, Stielansatz entfernt, gewürfelt

400 g gemischtes Hackfleisch
1 Zwiebel, fein gewürfelt
1 TL Paprikapulver, edelsüß
Pfeffer aus der Mühle
3 EL Olivenöl
50 g grob geraspelter Käse
2 EL gehackter Basilikum zum Bestreuen

Kartoffeln mit der Schale in Salzwasser weich kochen, dann schälen. Die Milch mit Salz und Muskatnuss aufkochen. Die Kartoffeln durch die Presse in die kochende Milch drücken. Die Butter hinzufügen und das Püree glattrühren.
Die Tomatenwürfel daruntermischen und das Kartoffelpüree in eine eingefettete Gratinform streichen.
Den Backofen auf 200 Grad vorheizen.
Das Hackfleisch mit der Zwiebel, Paprikapulver, Salz und Pfeffer mischen und zu Bällchen formen. Die Fleischbällchen im heißen Olivenöl rundum anbraten, dann auf das Kartoffelpüree in der Gratinform setzen. Mit dem Bratöl beträufeln und mit dem Käse bestreuen.
Den Gratin im vorgeheizten Ofen 20 Minuten backen. Mit frisch gehacktem Basilikum bestreut servieren.

Parmesan-Spargel-Soufflé

Für 4–6 Souffléförmchen

6 Stangen grüner Spargel, unteres Drittel geschält, frisch angeschnitten
4 Stangen weißer Spargel, geschält, frisch angeschnitten
Salz
Butter und Mehl für die Förmchen

50 g Mehl
150 ml Milch
150 g Rahm
150 g frisch geriebener Parmesan
Pfeffer aus der Mühle, geriebene Muskatnuss
4 Eier
1 TL Backpulver

Die Spargelstangen in Stücke schneiden und in kochendem Salzwasser etwa 5 Minuten garen. Abschütten und in Eiswasser abschrecken.
Die Förmchen ausbuttern und mit Mehl ausstäuben. Die abgekühlten, trockengetupften Spargelstücke darin verteilen.
Mehl, Milch und Rahm mischen und unter ständigem Rühren aufkochen. Den Käse einstreuen und darin schmelzen lassen.
Mit Salz, Pfeffer und Muskat abschmecken.
Die Masse abkühlen lassen.
Den Ofen auf 225 Grad Unterhitze vorheizen.

Die Eier trennen. Die Eigelbe zusammen mit dem Backpulver unter die Käsemasse rühren. Die Eiweiße mit 1 Prise Salz sehr steif schlagen und behutsam unter die Käsemasse heben. Die Soufflémasse in die ausgebutterten Förmchen verteilen.
Ein tiefes Backblech oder eine Form entsprechender Grösse mit Küchenpapier auslegen, die Förmchen hineinsetzen und vorsichtig so viel kochendes Wasser einfüllen, dass die Förmchen zu einem Drittel der Höhe im Wasserbad stehen. Im vorgeheizten Ofen etwa 20 Minuten backen.
Die Soufflés sofort servieren.

Kartoffelsoufflé mit Steinpilzen

Für 4–6 Souffléförmchen

200 g mehlig kochende Kartoffeln, gewaschen, geschält
Butter und Mehl für die Förmchen
200 g frische Steinpilze, geputzt, gewürfelt
30 g Butter
Salz, Pfeffer aus der Mühle
1 EL gehackte Petersilie
3 Eier
75 g Ricotta (italienischer Frischkäse)
geriebene Muskatnuss

Die Kartoffeln in Salzwasser weich kochen, abschütten und durch ein feines Sieb streichen.
Den Ofen auf 225 Grad Unterhitze vorheizen. Die Förmchen ausbuttern und mit Mehl ausstäuben.
Die Pilze in der heißen Butter anbraten. Mit Salz und Pfeffer würzen, die Petersilie daruntermischen. Pilze in die vorbereiteten Förmchen verteilen.
Die Eier trennen. Die Eigelbe und den Ricotta unter die Kartoffelmasse mischen, mit Salz, Pfeffer und Muskat würzen. Die Masse glattrühren. Die Eiweiße mit 1 Prise Salz sehr steif schlagen, vorsichtig unter die Kartoffelmasse heben. Die Soufflémasse in die Förmchen füllen.
Ein tiefes Backblech oder eine Form entsprechender Grösse mit Küchenpapier auslegen, die Förmchen hineinsetzen und vorsichtig so viel kochendes Wasser einfüllen, dass die Förmchen zu einem Drittel der Höhe im Wasserbad stehen. Im vorgeheizten Ofen 20–25 Minuten garen, sofort servieren.

Raclettekäse-Soufflé

Für 4–6 Soufflés

Butter und Mehl für die Förmchen
200 g Raclettekäse, fein gerieben
150 g Ricotta
Cayennepfeffer, geriebene Muskatnuss
4 Eier
1 TL Backpulver
2 Bund Schnittlauch, in feine Röllchen geschnitten
Salz

Den Ofen auf 225 Grad Unterhitze vorheizen. Die Souffléförmchen ausbuttern und mit Mehl ausstäuben.
Den Raclettekäse mit dem Ricotta in einer großen Schüssel mischen, mit Cayennepfeffer und Muskat kräftig würzen.
Die Eier trennen. Die Eigelbe mit Backpulver und Schnittlauch unter die Raclettekäsemischung rühren. Die Eiweiße mit 1 Prise Salz sehr steif schlagen und behutsam unter die Käsemasse heben. Die Soufflémasse in die vorbereiteten Förmchen verteilen.
Ein tiefes Backblech oder eine Form entsprechender Grösse mit Küchenpapier auslegen, die Förmchen hineinsetzen und vorsichtig so viel kochendes Wasser einfüllen, dass die Förmchen zu einem Drittel der Höhe im Wasserbad stehen. Im vorgeheizten Ofen etwa 20 Minuten backen und sofort servieren.

Raclettekäse-Soufflé

Raffiniert überbacken

Spargel-Crêpes

24 Stangen weißer Spargel, gewaschen, geschält, Enden frisch angeschnitten
8 kleine ausgebackene Crêpes (siehe Grundrezept)

200 ml Orangensaft
30 g Butter
3 EL Mehl
¼ l Milch
Salz, Pfeffer aus der Mühle, Muskatnuss
1 Eigelb
50 ml flüssiger Rahm
30 g Gouda, frisch gerieben
1 EL gehacktes Basilikum
1 EL geschlagener Rahm

Butter für die Form
1 unbehandelte Orange, abgeriebene Schale
Basilikumblätter als Garnitur

Den Spargel in Salzwasser weichkochen, herausheben und abtropfen lassen.
Die Crêpes nach Grundrezept Seite 108 zubereiten.
Für die Sauce den Orangensaft auf die Hälfte einkochen. Die Butter in einem Topf aufschäumen lassen, das Mehl einrühren und andünsten. Orangensaft und Milch dazugießen, mit Salz, Pfeffer und Muskat würzen und die Sauce etwa 10 Minuten köcheln lassen.
Inzwischen das Eigelb mit dem flüssigen Rahm verquirlen, unter kräftigem Rühren zur Sauce gießen. Sobald die Sauce zu binden beginnt, den Topf vom Herd ziehen, den Käse hinzufügen und darin schmelzen lassen. Die Sauce durch ein feines Sieb gießen, mit dem Basilikum und dem geschlagenen Rahm verfeinern.
Den Ofen auf 225 Grad vorheizen. Eine Auflaufform ausbuttern.
Jeweils 3 Stangen Spargel in eine Crêpe wickeln und die Crêpe-Rollen nebeneinander in die Form legen, mit der Sauce begießen und im vorgeheizten Ofen 15 Minuten überbacken.
Mit Orangenschale bestreuen und mit Basilikumblättern garniert servieren.

Crêpe-Rouladen mit Spitzkohlfüllung

Für 4–6 Personen

8 große Crêpes (siehe Grundrezept)

2 EL Zucker
2 EL Obstessig
2 EL Gänse- oder Butterschmalz
2 mittelgroße Zwiebeln, in dünne Streifen geschnitten
1 Knoblauchzehe, fein gehackt
500 g Spitzkohl (ca. ½ Kopf), Strunk entfernt, in dünne Streifen geschnitten
Salz, Pfeffer aus der Mühle
1 TL Kümmelsamen
100 ml trockener Weißwein
2 mittelgroße mehlig kochende Kartoffeln, gewaschen, geschält
50 g Butter, zusätzlich Butter für die Form
100 g Sauerrahm (Schmand)
30 g geriebener Greyerzer
1 EL Schnittlauchröllchen

Die Crêpes nach Grundrezept Seite 107 zubereiten.
Den Zucker mit 1 Esslöffel Wasser leicht karamellisieren lassen, mit dem Essig ablöschen und das Schmalz hinzufügen. Zwiebeln und Knoblauch beigeben und darin andünsten. Dann die Kohlstreifen hinzufügen, mit Salz und Pfeffer würzen. Die Hälfte des Kümmels dazugeben und den Kohl bei kleiner Hitze etwa 10 Minuten dünsten. Den Wein dazugießen und den Kohl weitere 15 Minuten zugedeckt garen. Inzwischen die Kartoffeln in kochendem Wasser weich garen. Durch eine Presse drücken und unter das fertiggegarte Kraut rühren. Abkühlen lassen.
Den Ofen auf 180 Grad vorheizen.
Die Spitzkohlfüllung auf die Crêpes verteilen und diese fest einrollen. Die Crêpe-Rouladen in etwa 4 cm lange Stücke schneiden und diese senkrecht nebeneinander in eine ausgebutterte Auflaufform stellen. Die Butter schmelzen, die Röllchen damit beträufeln und mit dem restlichen Kümmel bestreuen. Im vorgeheizten Ofen etwa 10 Minuten backen.
Die Backofentemperatur auf Grillstufe erhöhen.
Den Sauerrahm auf den Röllchen verteilen und den Käse darüberstreuen. Unter dem heißen Backofengrill goldgelb überbacken. Mit Schnittlauch bestreut servieren.

Überbackene Spargel-Cannelloni

8 Lasagneteigblätter
32 Stangen grüner Spargel, im unteren Drittel geschält, frisch angeschnitten
8 Scheiben gekochter Schinken
50 g Butter, zusätzlich Butter für die Form
2 TL Mehl
300 ml Milch
200 ml Rahm
Salz, Pfeffer aus der Mühle, Muskatnuss
Saft von ½ Zitrone
80 g Parmesan, frisch gerieben

Die Lasagneteigblätter in reichlich Salzwasser bissfest kochen, abschütten und mit kaltem Wasser abschrecken.
Die Spargelstangen in kochendem Salzwasser zusammen mit etwas Zucker etwa 6 Minuten kochen. Herausheben und abtropfen lassen.
Je vier Spargelstangen zuerst in eine Scheibe Schinken, dann in ein Lasagneteigblatt einwickeln. Die Spargel-Cannelloni nebeneinander in eine ausgebutterte Auflaufform legen.

Den Ofen auf 180 Grad vorheizen.
Die Butter in einem Topf erhitzen, das Mehl einstreuen. Nach und nach die Milch und dann den Rahm darunterrühren, bis eine sämige Sauce entstanden ist. Diese mit Salz, Pfeffer, Muskat und Zitronensaft kräftig würzen. Zwei Drittel des Parmesans unter die Sauce rühren und diese über die Cannelloni gießen. Mit dem restlichen Parmesan bestreuen und im vorgeheizten Ofen etwa 15 Minuten goldbraun überbacken.

Tomaten mit Couscousfüllung

8 große Zweigtomaten
¼ l Gemüsebrühe
100 g Instant-Couscous
100 g Feta (Schafskäse), zerbröckelt
30 g Butter
2 EL gehacktes Basilikum
Salz, Pfeffer aus der Mühle, gemahlener Zimt
4 EL Olivenöl
je 2 Zweige Rosmarin und Thymian
2 Knoblauchzehen, gequetscht

Von den Tomaten einen Deckel abschneiden und die Tomaten mit einem Löffel vorsichtig aushöhlen.
Die Gemüsebrühe aufkochen, den Couscous beigeben, durchrühren und den Topf vom Herd ziehen. Den Couscous etwa 4 Minuten ziehen lassen. Den zerbröckelten Feta, die Butter und das Basilikum darunterheben. Mit Salz, Pfeffer und Zimt abschmecken.
Den Ofen auf 200 Grad vorheizen.
Die Couscousmischung in die Tomaten füllen, die Deckel wieder auflegen, die Tomaten nebeneinander in eine feuerfeste Form setzen und mit Olivenöl beträufeln. Die Kräuterzweige und den Knoblauch dazulegen, mit Salz und Pfeffer würzen.
Die gefüllten Tomaten im vorgeheizten Ofen 20–25 Minuten garen.

Überbackene Zucchinihälften mit Ratatouillereis

6 kleine Zucchini, gewaschen, der Länge nach halbiert
Butter für die Form
1 rote Zwiebel, fein gewürfelt
insgesamt 6–8 EL Olivenöl
50 g Risottoreis
400 ml Gemüsebrühe
1 rote und 1 gelbe Paprika (Peperoni), geviertelt, entkernt, klein gewürfelt
2 Tomaten, geviertelt, entkernt, klein gewürfelt
1 kleine Aubergine, klein gewürfelt
½ Bund Basilikum, gehackt
100 g Goudakäse, klein gewürfelt
Salz, Pfeffer aus der Mühle
1 TL Paprikapulver, edelsüß
2–3 Zweiglein Rosmarin
4–6 Salbeiblätter

Den Backofen auf 200 Grad vorheizen.
Die Zucchinihälften mit einem Löffel etwas aushöhlen und nebeneinander in eine ausgebutterte Auflaufform setzen.
Die Zwiebel in 2 Esslöffel erhitztem Olivenöl andünsten, den Reis hinzufügen und mit andünsten. Die Gemüsebrühe dazugießen und den Reis bei schwacher Hitze unter gelegentlichem Rühren etwa 20 Minuten garen.
Inzwischen Paprika-, Tomaten- und Auberginenwürfel in einer zweiten Pfanne in weiteren 2–3 Esslöffeln heißem Olivenöl andünsten. Zusammen mit dem Basilikum und den Käsewürfeln unter den gegarten Reis heben. Mit Salz, Pfeffer und Paprikapulver abschmecken und in die ausgehöhlten Zucchinihälften füllen. Das restliche Olivenöl über die Zucchinihälften träufeln, die Kräuter darauf verteilen und die Zucchinihälften im vorgeheizten Ofen etwa 20 Minuten überbacken.

Gefüllte Zwiebeln im Speckmantel

8 weiße Zwiebeln, geschält
8 kräftige Zweige Rosmarin
2 EL Butter
2 Knoblauchzehen, fein gehackt
2 mittelgroße möglichst fest kochende Kartoffeln, gewaschen, geschält, gewürfelt
120 g Crème double
40 g frisch geriebener Parmesan
Salz, Pfeffer aus der Mühle
8 Scheiben Frühstücksspeck

Die Zwiebeln etwa 20 Minuten in leicht gesalzenem Wasser kochen. Abschütten und etwas abkühlen lassen. Das obere Viertel der Zwiebeln abschneiden, die Zwiebeln vorsichtig bis auf die äußeren Schichten aushöhlen. Das Zwiebelinnere und die abgeschnittenen Deckel möglichst fein hacken.
Die unteren zwei Drittel der Rosmarinzweige von den Nadeln befreien; die Nadeln klein hacken.
Die Butter aufschäumen lassen. Die gehackten Zwiebeln, den Knoblauch und die Kartoffelwürfel darin anbraten. Den gehackten Rosmarin, die Crème double und den Parmesan darunterrühren, weitere etwa 2 Minuten köcheln lassen. Mit Salz und Pfeffer abschmecken.
Den Ofen auf 200 Grad vorheizen.
Die Kartoffelmischung in die ausgehöhlten Zwiebeln füllen. Jede Zwiebel mit 1 Speckscheibe umwickeln und diese mit je 1 Rosmarinzweig feststecken. Die gefüllten Zwiebeln in eine feuerfeste Form setzen und im vorgeheizten Ofen etwa 40 Minuten schmoren.

Gratinierte Käse-Äpfel

4 mittelgroße Äpfel, halbiert, Kerngehäuse großzügig ausgestochen
Butter für die Form
3 Scheiben Toastbrot, entrindet, klein gewürfelt
2 Knoblauchzehen, fein gehackt
4 EL Olivenöl
3–4 Stangen Frühlingszwiebeln, geputzt, in feine Ringe geschnitten
200 g Mozzarella, klein gewürfelt
200 g Emmentaler, klein gewürfelt
Salz, Cayennepfeffer
ca. 30 g Mandelblättchen
Basilikumblätter zum Garnieren

Die Apfelhälften nebeneinander in eine gebutterte Auflaufform setzen.
Die Toastbrotwürfel zusammen mit dem gehackten Knoblauch im heißen Olivenöl goldbraun rösten. Die Croûtons auf Küchenpapier abtropfen lassen.
Den Ofen auf 200 Grad vorheizen.
Die Croûtons mit Frühlingszwiebeln, Mozzarella und Emmentaler mischen, mit Salz und Cayennepfeffer würzen. Die Mischung auf den Apfelhälften verteilen und mit den Mandelblättchen bestreuen.
Die gefüllten Äpfel im vorgeheizten Ofen etwa 20 Minuten überbacken. Mit frischen Basilikumblättern garnieren.

Überbackene Karotten-Nudelschnecken

Nudelteig:
350 g Mehl
2 Eier
2 Eigelb
1 EL Olivenöl

600 g Karotten, geschält, grob geraspelt
1 Zwiebel, fein gewürfelt
50 g Butter
1 EL Zucker
2 EL weißer Balsamicoessig
200 ml Kokosmilch
Salz, Pfeffer aus der Mühle
2–3 EL frisch gehackte Petersilie
Butter für die Form
100 g geriebener Käse

Das Mehl mit Eiern, Eigelben, Öl und 1 Prise Salz zu einem glatten Teig kneten. In Folie wickeln und 1 Stunde kühl stellen. In der Zwischenzeit die Zwiebel und die geraspelten Karotten in der zerlassenen Butter andünsten, mit Zucker bestreuen und diesen leicht karamellisieren lassen. Mit dem Essig ablöschen, die Kokosmilch hinzufügen und bei mittlerer Hitze im offenen Topf fast vollständig einkochen lassen. Das Karottengemüse mit Salz und Pfeffer kräftig würzen, die Petersilie daruntermischen. Erkalten lassen.

Den Ofen auf 180 Grad vorheizen.
Den Nudelteig auf einer bemehlten Arbeitsfläche dünn ausrollen und in etwa 3 cm breite und 20 cm lange Streifen schneiden. Das abgekühlte Karottengemüse in einer dünnen Schicht auf die Teigstreifen verteilen und diese zu Schnecken aufrollen. Die Schnecken nebeneinander aufrecht in eine ausgebutterte Auflaufform setzen, mit dem Käse bestreuen und im vorgeheizten Ofen in etwa 40 Minuten goldbraun backen.

Gratinierte Nudelnester

Für 12 Stück

3 Schalotten, fein gewürfelt
3 Knoblauchzehen, fein gewürfelt
3 EL Olivenöl
1 EL Tomatenmark
400 g Dosentomaten
1 EL getrockneter Oregano
Salz, Pfeffer aus der Mühle
je 200 g schmale grüne und gelbe Bandnudeln (Tagliatelle)
Butter für die Form
4 Eier
50 g Crème fraîche
12 kleine Mozzarellakugeln
frischer gezupfter Basilikum zum Garnieren

Schalotten und Knoblauch im heißen Olivenöl andünsten. Das Tomatenmark darunterrühren, dann die Dosentomaten mitsamt dem Saft sowie den Oregano hinzufügen, die Hitze reduzieren und die Sauce etwa 20 Minuten leise köcheln lassen. Anschließend alles mit dem Pürierstab durchmixen und mit Salz, Pfeffer kräftig würzen. Die Sauce abkühlen lassen.
Die beiden Nudelsorten getrennt in reichlich kochendem Salzwasser bissfest garen, dann abschütten, kalt abschrecken und zu Nestern aufrollen. Die Nudelnester in die Vertiefungen eines ausgebutterten Muffinbackblechs setzen.

Den Ofen auf 180 Grad vorheizen.
Die Eier mit der Crème fraîche und der abgekühlten Tomatensauce gründlich verquirlen. Den Tomaten-Eier-Guss über die Nudelnester verteilen und auf jedes Nudelnest eine Mozzarellakugel setzen. Die Nudelnester im vorgeheizten Ofen etwa 30 Minuten überbacken.
Die Nudelnester aus den Vertiefungen des Blechs lösen und mit frisch gezupftem Basilikum garnieren.

Nudelschnitten

Für 12 Schnitten

2 Schalotten, fein gewürfelt
1 Knoblauchzehe, fein gehackt
50 g Butter
1 EL Mehl
100 ml Weißwein
150 ml Geflügel- oder Gemüsebrühe
100 ml Rahm

350 g schmale Bandnudeln
5 Eier
Salz, Pfeffer aus der Mühle
6 Cherrytomaten, halbiert
100 g Käse, frisch gerieben

Schalotten und Knoblauch in der zerlassenen Butter andünsten. Mit dem Mehl bestäuben, kurz mit andünsten, dann mit dem Wein ablöschen, Brühe und Rahm dazugießen. Bei reduzierter Hitze etwa 10 Minuten leise köcheln, dann auskühlen lassen.
Den Backofen auf 200 Grad vorheizen.
Die Nudeln in Salzwasser bissfest garen, abschütten und in eine Schüssel geben.
Die abgekühlte Sauce mit den Eiern verquirlen und zu den Nudeln in die Schüssel geben. Alles gut durchmischen, mit Salz und Pfeffer würzen und dann auf ein mit Backpapier ausgelegtes tiefes Blech (20 x 30 cm) geben. Die Cherrytomaten auf den Nudeln verteilen. Alles großzügig mit Käse bestreuen und den Auflauf etwa 20–25 Minuten im Ofen backen.
Herausnehmen, etwas abkühlen lassen und in Stücke schneiden.

Überbackene Tortillafladen mit Würstchen-Kraut-Füllung

1 Zwiebel, klein gewürfelt
50 g Butter
1 EL Zucker
1 rote Paprika (Peperoni), halbiert, entkernt, in feine Streifen geschnitten
¼ Kopf Weißkohl, ohne Strunk, fein gehobelt
2 EL Weißweinessig
Salz, Pfeffer aus der Mühle
1 TL Paprikapulver, edelsüß

150 g Crème fraîche
4 Wiener Würstchen (Wienerli), in dicke Scheiben geschnitten
8 Tortillafladen
Butter für die Form
80 g Käse, frisch gerieben
gehackte Petersilie zum Bestreuen

Den Backofen auf 200 Grad vorheizen.
Die Zwiebel in der zerlassenen Butter andünsten, mit dem Zucker bestreuen und diesen leicht karamellisieren lassen. Die Paprika- und die Kohlstreifen hinzufügen, einige Minuten mitdünsten, dann mit dem Essig ablöschen, mit Salz, Pfeffer und Paprika kräftig abschmecken. Abkühlen lassen.
Die Crème fraîche und die Wursträdchen unter das abgekühlte Kraut mischen.
Auf jeden Tortillafladen etwas von der Krautmischung geben, einrollen und nebeneinander in eine gebutterte Auflaufform setzen. Mit dem Käse bestreuen und im vorgeheizten Ofen etwa 15 Minuten gratinieren. Mit frisch gehackter Petersilie bestreut servieren.

Überbackene Tortillafladen mit Würstchen-Kraut-Füllung

Gratinierte Kräutergnocchi in Peperonirahm

Für 4–6 Personen

Gnocchi:
500 g mehlig kochende Kartoffeln
50 g Ricotta
2 Eigelb
150 g Mehl
50 g Hartweizengrieß
1 EL Speisestärke
je 1 EL gehackter Rosmarin, Petersilie, Salbei und Oregano
Salz, Pfeffer aus der Mühle, Muskatnuss

1 Zwiebel, fein gewürfelt
2 Knoblauchzehen, fein gewürfelt
3 rote Peperoni (Paprikaschoten), halbiert, entkernt, gewürfelt
2 EL Olivenöl
150 ml Gemüsefond
¼ l Rahm
Butter für die Form
100 g frisch geriebener Pecorino
1 EL gezupfte Thymianblätter

Die Kartoffeln mit der Schale in Salzwasser weich kochen. Abschütten und etwas abkühlen lassen, dann schälen und zusammen mit dem Ricotta durch eine Kartoffelpresse in eine Schüssel drücken. Eigelbe, Mehl, Grieß und Speisestärke sowie die gehackten Kräuter, Salz, Pfeffer und Muskat hinzufügen und alles zu einem glatten Teig kneten. Auf einer mit Mehl bestäubten Arbeitsfläche aus dem Teig kleine Bällchen formen.
Die Gnocchi in reichlich kochendem Salzwasser 3–4 Minuten garen. Dann mit einem Sieblöffel herausheben, kalt abschrecken und abtropfen lassen.

Den Ofen auf 200 Grad vorheizen.
Zwiebel, Knoblauch und Peperoni im heißen Olivenöl andünsten. Gemüsefond und Rahm dazugießen und bei mittlerer Hitze etwa 10 Minuten köcheln lassen.
Alles fein pürieren, durch ein Sieb streichen und mit Salz und Pfeffer abschmecken.
Die Kräutergnocchi in eine gebutterte Auflaufform geben, die Sauce darüber verteilen, mit Käse und Thymian bestreuen.
Die Gnocchi im vorgeheizten Ofen etwa 20 Minuten gratinieren.

Gratinierte Lachs-Cannelloni

8 grüne Lasagneteigblätter
500 g Lachsfilet ohne Haut, gewaschen, trockengetupft
Salz, Pfeffer aus der Mühle, Saft von ½ Zitrone
Butter für die Form

3 Eigelb
50 ml trockener Weißwein
100 g Butter, geschmolzen
2 EL geschlagener Rahm
40 g frisch geriebener Parmesan

Die Lasagneteigblätter in reichlich Salzwasser bissfest kochen, abschütten und mit kaltem Wasser abschrecken.
Das Lachsfilet in 8 etwa 2–3 cm breite Stücke schneiden. Mit Salz, Pfeffer und etwas Zitronensaft würzen und mit den Lasagneteigblättern umwickeln. Die Lachs-Cannelloni nebeneinander in eine gebutterte Auflaufform setzen.
Den Ofen auf 225 Grad Oberhitze vorheizen.
Die Eigelbe mit dem Weißwein in einer Schüssel über dem heißen Wasserbad schaumig-dick aufschlagen. Nach und nach die flüssige Butter darunterrühren. Die Schüssel vom Wasserbad nehmen und die Sauce mit Salz, Pfeffer und Zitronensaft abschmecken. Den geschlagenen Rahm darunterheben.
Die Sauce über die Lachs-Cannelloni gießen und den Parmesan darüberstreuen. Den Auflauf im vorgeheizten Ofen mit Oberhitze 8–10 Minuten goldbraun gratinieren.

Überbackene Gnocchi mit Schinken und Lauch

500 g Gnocchi (siehe Rezept Seite 54 oder Fertigprodukt)
2 Stangen Lauch, längs halbiert, gründlich gewaschen, in kleine Stücke geschnitten
200 g Schinken, in Scheiben, gewürfelt
50 g Butter, zusätzlich Butter für die Form
2–3 TL Mehl
¼ l kräftige Fleischbrühe
¼ l Rahm
Salz, Pfeffer aus der Mühle, Muskatnuss
Saft von ½ Zitrone
100 g geriebener Käse

Die Gnocchi nach dem Rezept Seite 54 zubereiten. Kleinere Gnocchi formen und nach Belieben über eine Gabel abrollen, um ihnen das typische Rillenmuster zu geben.
Die Gnocchi etwa 2 Minuten in kochendem Wasser garen. Abschütten und kalt abschrecken. Die Gnocchi mit Lauch und Schinken mischen, mit Salz und Pfeffer würzen und in eine große oder in 3–4 kleine gebutterte Gratinformen füllen.
Den Ofen auf 200 Grad vorheizen.
Die Butter in einem Topf erhitzen, das Mehl einrühren. Nach und nach die Brühe und dann den Rahm dazugießen, bis eine sämige Sauce entsteht. Mit Salz, Pfeffer, Muskat und Zitronensaft kräftig würzen. Die Sauce über die Gnocchimischung in die Gratinform(en) gießen. Mit dem Käse bestreuen. Den Gnocchigratin im vorgeheizten Ofen etwa 25 Minuten überbacken.

Überbackene Gnocchi mit Schinken und Lauch

Lachsforellenfilets mit Meerrettichkruste

Meerrettichkruste:
60 g weiche Butter
2 EL geriebener Meerrettich (aus dem Glas)
geriebene Schale und Saft von ½ Zitrone
3 Scheiben Toastbrot, entrindet, gewürfelt, fein gemahlen

2 Lachsforellenfilets ohne Haut und Gräten, gewaschen, trockengetupft
Salz, Pfeffer aus der Mühle
Saft von 1 Zitrone

Die Butter schaumig schlagen, Meerrettich, Zitronenschale und -saft sowie das geriebene Brot daruntermischen. Die Masse, wie im Grundrezept Seite 108 beschrieben, formen und 1–2 Stunden kühl stellen.
Den Backofen auf Grillstufe vorheizen.
Die Lachsforellenfilets mit Salz, Pfeffer und Zitronensaft würzen. Die gekühlte Krustenmasse in etwa ½ cm dicke Scheiben schneiden, auf den Filets verteilen und diese etwa 6 Minuten unter dem Backofengrill goldgelb überbacken.

Dazu passt als Beilage sehr gut Kartoffeln und Salat, wunderbar etwa ein Gurken-Radieschen-Salat:
Dafür 1 Salatgurke schälen und in dünne Scheiben schneiden. Ein Bund Radieschen putzen, waschen und ebenfalls in feine Scheiben schneiden. 2 fein gewürfelte Schalotten mit 1 EL Senf, 2 EL Sherryessig und 120 g Sauerrahm verrühren. Etwas gehackten Dill daruntermischen, mit Salz und Pfeffer abschmecken. Die Gurken- und Radieschenscheiben mit dem Dressing vermischen.

Überbackene Nudelnester auf Thunfischbolognese

Thunfischbolognese:
500 g frischer Thunfisch, möglichst fein gewürfelt
2 Zwiebeln, klein gewürfelt
2 Knoblauchzehen, klein gewürfelt
3 EL Olivenöl
1 EL Tomatenmark
150 ml Rotwein
400 g gehackte Dosentomaten
je 1 EL gehackter Rosmarin, Thymian und Oregano
Salz, Pfeffer aus der Mühle
Saft von ½ Zitrone
50 g Butter

250 g grüne Spaghettini
2 EL Olivenöl
200 g kleine Mozzarellakugeln
etwas Olivenöl zum Beträufeln

Den Thunfisch zusammen mit Zwiebeln und Knoblauch im heißen Olivenöl anbraten. Das Tomatenmark darunterrühren und mit dem Rotwein ablöschen. Die Dosentomaten hinzufügen und das Ganze bei schwacher Hitze etwa 30 Minuten leise köcheln lassen.

In der Zwischenzeit die Nudeln in reichlich Salzwasser bissfest kochen, abschütten, kalt abschrecken, mit dem Öl vermischen und mit einer Gabel zu Nestern aufrollen. Den Ofen auf 200 Grad vorheizen.
Die eingekochte Thunfischbolognese mit Kräutern, Salz und Pfeffer abschmecken und mit etwas Zitronensaft und Butter verfeinern. In eine Auflaufform füllen, die Nudelnester darauf verteilen und auf jedes eine Kugel Mozzarella setzen. Mit Olivenöl beträufeln und mit Pfeffer bestreuen. Im vorgeheizten Ofen etwa 20 Minuten überbacken.

Mit Fisch gefüllte Tomaten mit Basilikumkruste

Basilikumkruste:
1 Bund Basilikum, Blätter grob geschnitten
1 Bund Petersilie, Blätter grob gehackt
50 g Crème fraîche
80 g weiche Butter
4 Scheiben Toastbrot, entrindet, gewürfelt, fein gemahlen

8 Fleischtomaten
400 g Kabeljaufilet, gewaschen, trockengetupft, fein gewürfelt
1 Knoblauchzehe, gepresst
100 g Crème double
Salz, Pfeffer aus der Mühle
Saft von 1 Zitrone
6 EL Olivenöl

Basilikum und Petersilie mit der Crème fraîche im Mixer fein pürieren. Mit der weichen Butter und den Brotbröseln vermengen. Die Masse, wie im Grundrezept Seite 108 beschrieben, formen und 1–2 Stunden kühl stellen.
Von den Tomaten das obere Viertel wegschneiden. Die Tomaten vorsichtig mit einem Löffel aushöhlen.
Den Fisch mit dem gepressten Knoblauch und der Crème double vermischen. Mit Salz, Pfeffer und Zitronensaft abschmecken.
Den Ofen auf 225 Grad Oberhitze vorheizen.

Das Fischragout in die Tomaten füllen. Die gut gekühlte Krustenmasse in 2 cm dicke Scheiben, diese auf die gefüllten Tomaten legen. Die Tomaten in eine feuerfeste Form setzen, mit dem Olivenöl beträufeln und unter dem heißen Backofengrill etwa 10 Minuten gratinieren.

Mit Fisch gefüllte Tomaten mit Basilikumkruste

Mit Spinat überbackene Fischmedaillons in Tomaten-Paprika-Creme

Tomaten-Paprika-Creme:
2 rote Peperoni (Paprikaschoten), halbiert, entkernt, gewürfelt
4 Tomaten, geviertelt, entkernt, gewürfelt
2–3 Schalotten, fein gewürfelt
2 Knoblauchzehen, fein gewürfelt
2–3 EL Olivenöl
150 ml Fischfond
¼ l Rahm

600 g Fischfilet (z.B. Seebarsch, Kabeljau, Dorsch), gewaschen, trockengetupft, in Medaillons geschnitten
Salz, Pfeffer aus der Mühle, Saft von 1 Zitrone
200 g frischer oder aufgetauter Tiefkühlspinat, gut ausgedrückt, gehackt
150 g Raclettekäse, klein gewürfelt

Peperoni- und Tomatenwürfel zusammen mit Schalotten und Knoblauch im heißen Olivenöl andünsten. Fischfond und Rahm dazugießen und bei mittlerer Hitze etwa 10 Minuten köcheln lassen. Alles fein pürieren, mit Salz und Pfeffer kräftig abschmecken und durch ein Sieb streichen. Den Ofen auf 200 Grad Oberhitze vorheizen.

Die Fischmedaillons mit Salz und Pfeffer würzen und mit Zitronensaft beträufeln. Die Tomaten-Peperoni-Sauce in eine feuerfeste Auflaufform gießen, die Fischstücke hineinsetzen. Spinat und Raclettekäse mischen und auf die Fischmedaillons verteilen. Unter dem Backofengrill im vorgeheizten Ofen etwa 8–10 Minuten gratinieren.
Als Beilage passen dazu Nudeln oder Reis.

Mit Spinat überbackene Fischmedaillons in Tomaten-Paprika-Creme

Teigwarenmuscheln mit Miesmuschelragout

4 EL Olivenöl
2 Zwiebeln, fein gewürfelt
2 Knoblauchzehen, fein gewürfelt
1½ kg Miesmuscheln, gründlich gewaschen, entbartet
½ l Weißwein

200 g große Teigwarenmuscheln
2 Karotten, geschält, klein gewürfelt
1 Stange Lauch, gewaschen, klein gewürfelt
1 EL Currypulver
1 EL Mehl
150 ml Rahm
Salz, Pfeffer aus der Mühle
50 g Butter
2 EL gehackter Dill
Butter für die Form
50 g frisch geriebener Parmesan

2 Esslöffel Olivenöl in einem großen Topf erhitzen, Zwiebeln und Knoblauch darin andünsten. Die Muscheln hinzufügen und mit andünsten. Dann mit der Hälfte des Weißweins ablöschen und zugedeckt etwa 3–4 Minuten garen. Anschließend die Muscheln abschütten, den Fond dabei auffangen. Das Muschelfleisch aus den Schalen lösen.
Die Teigwarenmuscheln in reichlich kochendem Salzwasser bissfest garen. Abschütten und abtropfen lassen.
Das gewürfelte Gemüse im restlichen Olivenöl andünsten, dabei mit Curry und etwas Mehl bestäuben und mit dem restlichen Weißwein ablöschen. Den aufgefangenen Muschelfond und den Rahm hinzufügen und die Flüssigkeit um die Hälfte einkochen, dann mit Salz und Pfeffer abschmecken und mit etwas Butter verfeinern.

Den Backofengrill vorheizen.
Das ausgelöste Muschelfleisch mit dem gehackten Dill unter die Sauce mischen. Das Muschelragout in die Teigwarenmuscheln füllen und diese nebeneinander in eine ausgebutterte Gratinform setzen. Restliche Sauce über die Teigwaren verteilen.
Mit dem Parmesan bestreuen und unter dem vorgeheizten Backofengrill etwa 5 Minuten überbacken.

Gratinierte Zucchiniblüten mit Kaninchen-Reis-Füllung

100 g Reis
250 g Kaninchenfleisch, aus der Keule, klein gewürfelt
2 Schalotten, fein gewürfelt
2 Knoblauchzehen, fein gewürfelt
1 Zucchini, klein gewürfelt
5 EL Olivenöl
je 1 EL gehackter Rosmarin und Thymian
Salz, Pfeffer aus der Mühle, Paprikapulver
8 Zucchiniblüten, Blütenstempel im Inneren der Blüte vorsichtig entfernt

30 g Butter
1 EL Mehl
¼ l Milch
Muskatnuss
50 g frisch geriebener Parmesan

Den Reis mit ¼ l Wasser und 1 Prise Salz in einen Topf geben, aufkochen und bei reduzierter Hitze etwa 12–14 Minuten unter gelegentlichem Umrühren garen.
Den Ofen auf 200 Grad vorheizen.
Das Kaninchenfleisch zusammen mit Schalotten, Knoblauch und Zucchini in einer großen Pfanne in 3 Esslöffel heißem Olivenöl anbraten. Den gekochten Reis und die gehackten Kräuter daruntermischen und kräftig mit Salz, Pfeffer und Paprika abschmecken.

Mit einem Teelöffel die Kaninchen-Reis-Mischung in die Zucchiniblüten füllen. Diese oben leicht zudrehen und nebeneinander in eine Auflaufform legen. Mit dem restlichen Olivenöl (2 EL) beträufeln.
Die Butter in einem Topf erhitzen, das Mehl einstreuen, nach und nach die Milch darunterrühren, bis eine sämige Sauce entsteht. Mit Salz und Muskat würzen und über die gefüllten Zucchiniblüten gießen. Mit dem Käse bestreuen und im vorgeheizten Ofen etwa 20 Minuten überbacken.

Gratinierte Zucchiniblüten mit Kaninchen-Reis-Füllung

Paella-Tomaten

800 g Miesmuscheln, gründlich gespült, entbartet, offene entfernt
7–8 EL Olivenöl
200 ml Weißwein
1 Hühnerbrust, in Würfel geschnitten
12 kleine Crevetten, ohne Schale
Salz, Pfeffer aus der Mühle
2 Schalotten, fein gewürfelt
2 Knoblauchzehen, fein gewürfelt
150 g Paella-Reis
1 g Safranfäden
¼ l Geflügelfond
100 g frische Erbsen
Cayennepfeffer
8 Fleischtomaten mit Stiel

Die Muscheln in 1 Esslöffel heißem Olivenöl andünsten, mit dem Weißwein ablöschen und zugedeckt 3–4 Minuten garen. Abschütten, dabei den Fond auffangen. Das Muschelfleisch aus den Schalen lösen.
Hühnerwürfel und Crevetten in weiteren 2 Esslöffeln heißem Olivenöl kurz anbraten. Dabei mit Salz und Pfeffer würzen. Beiseitestellen.
Schalotten und Knoblauch in weiteren 2 Esslöffeln heißem Olivenöl andünsten. Reis und Safran hinzufügen und mit andünsten. Den aufgefangenen Muschelsud und den Geflügelfond dazugießen und den Reis bei schwacher Hitze unter gelegentlichem Umrühren etwa 20 Minuten garen. Dann die gebratenen Crevetten und die Hühnerwürfel, die ausgelösten Muscheln und die Erbsen daruntermischen. Mit Salz und Cayennepfeffer abschmecken.

Den Ofen auf 200 Grad vorheizen.
Von den Tomaten einen Deckel abschneiden. Die Tomaten vorsichtig mit einem Löffel aushöhlen. Mit der Paella füllen und den Deckel wieder aufsetzen. Die gefüllten Tomaten nebeneinander auf ein Backblech setzen, mit dem restlichen Olivenöl (2–3 EL) beträufeln und mit Salz und Pfeffer würzen. Im vorgeheizten Ofen etwa 20 Minuten überbacken.

Gratinierte Auberginenröllchen à la Moussaka

1 Zwiebel, klein gewürfelt
2 Knoblauchzehen, klein gewürfelt
1 kleine Chilischote, längs halbiert, entkernt, fein gehackt
4 EL Olivenöl
1 EL Tomatenmark
1 EL Honig
400 g gehackte Dosentomaten
Salz, Pfeffer aus der Mühle, Paprikapulver

2 mittelgroße Auberginen
100 ml Pflanzenöl (z.B. Olivenöl)
1 altbackenes Brötchen, klein gewürfelt
100 ml Milch, heiß
400 g Rindshackfleisch
1 Ei
2 EL gehackte Petersilie
1 EL gehackter Oregano
1 EL fein geschnittener Salbei
150 g Fetakäse, klein gewürfelt
50 g Pinienkerne

Zwiebel, Knoblauch und Chilischote im heißen Olivenöl andünsten. Das Tomatenmark und den Honig darunterrühren.
Die Dosentomaten hinzufügen und alles bei schwacher Hitze etwa 20 Minuten leise köcheln lassen. Mit Salz, Pfeffer und Paprika kräftig würzen.
Inzwischen die Auberginen der Länge nach in dünne Scheiben schneiden. Diese von beiden Seiten im heißen Öl kurz anbraten. Dann auf Küchenpapier abtropfen lassen.
Den Ofen auf 200 Grad vorheizen.

Die Brotwürfel in eine Schüssel geben und mit der heißen Milch übergießen. Hackfleisch, Ei und Kräuter hinzufügen, mit Salz und Pfeffer kräftig würzen und alles gut mischen. Jeweils 1–2 Teelöffel Hackfleischmasse auf das schmale Ende einer Auberginenscheibe geben und diese einrollen.
Zwei Drittel der Tomatensauce in eine Auflaufform verteilen. Die Auberginenröllchen hineinsetzen und mit der restlichen Sauce übergießen. Die Auberginenröllchen im vorgeheizten Ofen 30 Minuten überbacken.
Den Feta und die Pinienkerne über die Röllchen streuen und weitere 15 Minuten überbacken.

Mit Kartoffeln und Blutwurst gefüllte Bratäpfel

8 mittelgroße Äpfel (z.B. Cox Orange oder Elstar)
50 g Butter
2 TL Mehl
200 ml kräftige Fleischbrühe
200 ml Rahm
Salz, Pfeffer aus der Mühle, Muskatnuss
2 EL getrockneter Majoran
500 g mehlig kochende Kartoffeln, geschält, gewürfelt
250 g Blutwurst, gehäutet, gewürfelt
50 g flüssige Butter zum Beträufeln
1–2 EL Ahornsirup zum Beträufeln

Von den Äpfeln das obere Viertel wie einen Deckel wegschneiden. Die Äpfel mit einem Kugelausstecher aushöhlen, dabei einen etwa 1 cm breiten Rand lassen.
Den Ofen auf 180 Grad vorheizen.
Die Butter in einem Topf erhitzen, das Mehl darunterrühren. Nach und nach die Brühe, dann den Rahm dazugießen, bis eine sämige Sauce entsteht. Mit Salz, Pfeffer, Muskat und Majoran kräftig würzen. Die Kartoffel- und Blutwurstwürfel mit der Sauce mischen und in die ausgehöhlten Äpfel füllen. Die Deckel wieder daraufsetzen.
Die gefüllten Äpfel nebeneinander in eine Auflaufform setzen, mit der flüssigen Butter und dem Ahornsirup beträufeln und nochmals mit Salz und Pfeffer würzen.
Im vorgeheizten Ofen 30–40 Minuten garen.

Gefüllte Paprika

4 Peperoni (Paprikaschoten)
100 g Reis
3 Schalotten, fein gewürfelt
2 Knoblauchzehen, fein gehackt
2 EL Olivenöl
300 g Fleischkäse, klein gewürfelt
Salz, Pfeffer aus der Mühle, Paprikapulver
2 EL gehackte Petersilie
1 EL Oregano, gehackt
50 g Bergkäse, klein gewürfelt
100 g Maiskörner aus der Dose
100 g ausgelöste frische oder tiefgekühlte Erbsen, aufgetaut
Olivenöl zum Beträufeln

Die ganzen Paprikaschoten in kochendem Salzwasser 4–6 Minuten vorgaren. Abgießen, etwas abkühlen lassen, dann das obere Viertel der Paprikaschoten wie einen Deckel abschneiden, die Kerne entfernen. Die Paprikaschoten nebeneinander in eine Auflaufform stellen.
Den Reis mit ¼ l Wasser und 1 Prise Salz in einen Topf geben, aufkochen und bei reduzierter Hitze 12–14 Minuten unter gelegentlichem Umrühren garen.
Den Ofen auf 200 Grad vorheizen.
Schalotten und Knoblauch im heißen Olivenöl andünsten, den Fleischkäse eventuell kurz mitbraten, dabei mit etwas Salz, Pfeffer und Paprikapulver abschmecken. Die Pfanne vom Herd ziehen, den Reis, die gehackten Kräuter, Käse, Maiskörner und Erbsen darunternmischen.
Die Mischung in die Paprikaschoten füllen, den Deckel wieder aufsetzen. Die Schoten mit Öl beträufeln, salzen, pfeffern und im vorgeheizten Ofen etwa 20 Minuten backen.

Überbackene Kalbsmedaillons

100 g Butter
3 mittelgroße Zwiebeln, fein gewürfelt
2 EL Mehl
200 g Rahm
1 Ei
50 g frisch geriebener Parmesan
Salz, Pfeffer aus der Mühle
8 Kalbsmedaillons à 60 g, gewaschen, trockengetupft
1 EL Butterschmalz
8–12 Karotten, geschält, längs in dünne Scheiben geschnitten oder gehobelt
Zucker
Schale und Saft von 1 Orange
je 2 Zweige Estragon und Koriander
100 ml Geflügelbrühe
½ Bund Frühlingszwiebeln, geputzt, in dünne Ringe geschnitten

30 g Butter schmelzen, die Zwiebeln darin andünsten, mit dem Mehl bestäuben, den Rahm dazugießen und unter gelegentlichem Rühren pastenartig einkochen.
Das Ei trennen. Die Zwiebelpaste mit weiteren 30 g Butter, dem geriebenen Parmesan und dem Eigelb im Mixer fein pürieren. Mit Salz und Pfeffer würzen und kalt stellen.
Die Kalbsmedaillons salzen und pfeffern, im heißen Schmalz auf beiden Seiten scharf anbraten. Das Fleisch aus der Pfanne nehmen, die restliche Butter (40 g) darin schmelzen. Die Karottenscheiben darin andünsten, mit Salz, Pfeffer und Zucker würzen. Die Orangenschale und Kräuter dazugeben, mit Orangensaft und Brühe ablöschen. Die Karotten samt Sud und Kräutern in eine feuerfeste Form geben. Die Kalbsmedaillons daraufsetzen.
Den Ofen auf 200 Grad vorheizen.
Die Frühlingszwiebelringe unter das abgekühlte Zwiebelpüree mischen. Das Eiweiß mit 1 Prise Salz sehr steif schlagen und behutsam unter die Zwiebelmasse heben.
Die Masse auf den Medaillons verteilen. Im vorgeheizten Ofen etwa 15 Minuten überbacken.
Dazu passt Kartoffelpüree.

Lammkarree mit Olivenkruste

Olivenkruste:
4 Scheiben Toastbrot, entrindet
80 g weiche Butter
3 EL Oliventapenade (Paste aus schwarzen Oliven und Olivenöl)

2 Lammkarrees à ca. 450 g, Fett und Sehnen entfernt
Salz, Pfeffer aus der Mühle
je 2 Zweige Rosmarin und Thymian
2 Knoblauchzehen, gequetscht
3 EL Olivenöl

Für die Kruste das Toastbrot im Cutter fein mahlen. Mit Butter und Tapenade vermengen. Wie im Grundrezept Seite 108 beschrieben, formen und 1–2 Stunden kühl stellen.
Den Ofen auf 160 Grad vorheizen.
Das Fleisch salzen und pfeffern. Zusammen mit den Kräuterzweigen und dem Knoblauch im heißen Öl anbraten. Danach im Ofen etwa 12 Minuten weitergaren.
Die Krustenmasse in 1 cm dicke Scheiben schneiden, auf das Fleisch legen und unter dem Backofengrill 4–6 Minuten gratinieren.
Zum Servieren in Koteletts aufschneiden.

Dazu passt als Beilage wunderbar ein bunter Bohnen-Tomaten-Salat:
Dafür jeweils etwa 200 g grüne und gelbe Schnittbohnen putzen, in Stücke schneiden und in reichlich kochendem Salzwasser 8–10 Minuten kochen, anschließend in Eiswasser abschrecken.
Für das Dressing 2 gepresste Knoblauchzehen mit 5–6 EL Olivenöl, 2–3 EL Balsamicoessig, 1 TL Senf und etwas gehacktem Bohnenkraut verrühren. Die gekochten Bohnen zusammen mit 200 g gut abgetropften weißen Bohnen aus der Dose und halbierten Cherrytomaten daruntermischen, mit Salz und Pfeffer abschmecken.

Süße Aufläufe und Soufflés

Mit Milchreis gefüllte Honigfeigen

400 ml Milch
100 g Milchreis
8–12 Feigen, gewaschen, trockengetupft
4 EL Honig
100 g Crème fraîche
3 EL gehackte Pistazien
Butter für die Form
Puderzucker zum Bestäuben

Die Milch aufkochen. Den Reis dazugeben und bei mittlerer Hitze etwa 20 Minuten ausquellen lassen, dabei öfter umrühren. Den Topf vom Herd nehmen und den Milchreis etwas abkühlen lassen.
Inzwischen von den Feigen einen Deckel abschneiden und beiseitelegen. Die Feigen mit Hilfe eines Teelöffels vorsichtig aushöhlen. Das Fruchtfleisch klein hacken und zum Milchreis geben. Die Hälfte des Honigs, die Crème fraîche und die Pistazien ebenfalls zum Milchreis geben und gut verrühren.
Den Ofen auf 200 Grad vorheizen.

Die Milchreismasse in die ausgehöhlten Feigen füllen, die Deckel wieder aufsetzen. Die gefüllten Feigen in die ausgebutterte Form stellen und mit dem restlichen Honig beträufeln. Im vorgeheizten Ofen etwa 25 Minuten backen. Mit Puderzucker bestäuben und servieren.

Pfirsich mit Mascarponecreme überbacken

4 reife Pfirsiche, halbiert, entsteint
Butter für die Form
80 g Zucker
50 g Amaretti (italienisches Bittermandelgebäck)
3 Eier
Mark von 1 Vanilleschote
200 g Mascarpone (italienischer Doppelrahm-Frischkäse)
150 g frische oder tiefgekühlte Himbeeren
Salz, Puderzucker zum Bestäuben
Pfefferminzblättchen zum Garnieren

Den Ofen auf 200 Grad vorheizen.
Die Pfirsichhälften mit einem Kugelausstecher etwas aushöhlen, dabei einen etwa 1 cm breiten Rand lassen.
Die Pfirsichhälften in eine ausgebutterte Auflaufform setzen, mit 2 Esslöffeln Zucker bestreuen und im vorgeheizten Ofen etwa 15 Minuten garen.
Inzwischen die Amaretti in einen Gefrierbeutel geben und mit dem Nudelholz fein zerbröseln. Die Eier trennen. Die Eigelbe mit 3 Esslöffel Zucker und dem Vanillemark schaumig schlagen. Den Mascarpone, die (gefrorenen) Himbeeren und die Amarettibrösel daruntermischen. Die Eiweiße mit 1 Prise Salz sehr steif schlagen; dabei den restlichen Zucker nach und nach einrieseln lassen. Den Eischnee vorsichtig unter die Mascarponemasse heben. Die Himbeer-Mascarpone-Masse auf den Pfirsichhälften verteilen.
Den Backofengrill vorheizen und die Pfirsiche 3–4 Minuten überbacken. Mit Puderzucker bestäuben und mit Minzblättchen garniert servieren.

Pfirsich mit Mascarponecreme überbacken

Salzburger Nockerln

150 ml Milch
Mark von 1 Vanilleschote
Butter für die Form

Nockerln:
7 Eiweiß
1 Prise Salz
80 g Zucker
1 Päckchen Vanillezucker
1 EL Mehl
1 EL Speisestärke
4 Eigelb
abgeriebene Schale von ½ Zitrone

Puderzucker zum Bestäuben

Die Milch mit dem Vanillemark aufkochen, vom Herd nehmen und 20 Minuten ziehen lassen. Anschließend die Vanillemilch in eine gebutterte Auflaufform gießen.
Für die Nockerln die Eiweiße mit dem Salz zu steifem Schnee schlagen. Dabei langsam den Zucker einrieseln lassen.
Den Backofen auf 250 Grad vorheizen.
Den Vanillezucker mit Mehl und Stärke mischen. Zusammen mit den Eigelben und der abgeriebenen Zitronenschale behutsam unter den Eischnee heben.
Mit einer Teigkarte (Teighorn) von der Masse jeweils große Nockerln abheben (ergibt etwa 3 bis 4 Stück) und diese nebeneinander auf die Vanillemilch in die Form setzen. Die Nockerln im vorgeheizten Ofen etwa 12 Minuten backen.
Mit Puderzucker bestäuben und sofort servieren.

Beerengratins

Für 4–6 Personen

800 g gemischte Beeren (z.B. Erdbeeren, Himbeeren, Brombeeren, Heidelbeeren, Johannisbeeren), geputzt, Erdbeeren je nach Größe halbiert oder geviertelt
3 Eier
Mark von 2 Vanilleschoten
125 g Rahmquark
150 g Mascarpone
1 Prise Salz
100 g Zucker
Puderzucker zum Bestäuben

Den Backofengrill vorheizen.
Die Beeren in kleine Gratin-Portionsförmchen verteilen.
Die Eier trennen. Die Eigelbe mit Vanillemark, Quark und Mascarpone glattrühren.
Die Eiweiße mit 1 Prise Salz steifschlagen. Dabei nach und nach den Zucker einrieseln lassen. Den Eischnee behutsam unter die Quarkmischung heben. Auf den Beeren verteilen und unter dem heißen Backofengrill etwa 1 Minute goldbraun gratinieren.
Mit Puderzucker bestäubt servieren.

Krapfenauflauf mit Mandarinen

Für 1 Auflaufform von etwa 26 cm Länge
(4 Portionen)

5 Mandarinen
2 EL Butter für die Form
80 g Zucker
4 Berliner (Krapfen) ohne Füllung (ersatzweise Rosinenbrötchen oder Brioche), in etwa 1½ cm dicke Scheiben geschnitten
200 ml Rahm
100 ml Milch
3 Eier
Mark von 1 Vanilleschote
30 g brauner Zucker
Puderzucker zum Bestäuben

Zwei der Mandarinen waschen und trockentupfen, die Schale abreiben. Alle Mandarinen schälen und in etwa 1½ cm dicke Scheiben schneiden.
Den Ofen auf 180 Grad vorheizen.
Die Auflaufform ausbuttern, mit 3 Esslöffeln Zucker ausstreuen. Die Berliner- und die Mandarinenscheiben abwechselnd hineinschichten.
Rahm, Milch, Eier, Vanillemark, die abgeriebene Mandarinenschale und den restlichen Zucker miteinander verrühren und über die Berliner- und Mandarinenscheiben in die Form gießen. Mit dem braunen Zucker bestreuen.
Den Gratin im vorgeheizten Ofen etwa 35 Minuten backen. Mit Puderzucker bestäubt servieren.

Tipp:
Den Auflauf in kleinen Portionenformen (z.B. Kaffeetassen) zubereiten. Die Menge reicht je nach Größe für 4–6 Portionen.

Rhabarberauflauf

800 g Rhabarber, gewaschen, abgezogen
8 Toastbrotscheiben
Butter für die Form
3 Eier
2 Eigelbe
Mark von 1 Vanilleschote
100 ml Rahm
150 ml Milch
80 g Zucker
1 TL Zimt
Puderzucker zum Bestäuben

Den Rhabarber in 12–14 cm lange Stücke schneiden; je nach Dicke der Stangen nochmals der Länge nach halbieren oder vierteln.
Die Toastbrotscheiben mit dem Teigroller möglichst dünn rollen. Jeweils 3–4 Rhabarberstücke mit einer Toastbrotscheibe umwickeln und diese nebeneinander in eine ausgebutterte Auflaufform setzen.
Den Ofen auf 200 Grad vorheizen.
Die Eier und Eigelbe mit Vanillemark, Rahm und Milch verquirlen und über die Brotrollen in der Auflaufform gießen.
Den Zucker mit dem Zimt mischen, über den Auflauf streuen und diesen im vorgeheizten Ofen etwa 25–30 Minuten goldbraun backen. Mit Puderzucker bestreut servieren.

Milchreisauflauf mit Zwetschgen

Für eine Auflaufform von etwa 26 cm Länge, ergibt 4 Portionen

½ l Milch
Mark von 1 Vanilleschote
120 g Milchreis

120 g Zucker
1 EL Honig
100 ml Rotwein
1 Msp. gemahlener Zimt
12–16 Zwetschgen, gewaschen, halbiert, entsteint
2 EL Zwetschgenschnaps
Butter für die Form

3 Eier
1 Prise Salz
Puderzucker zum Bestäuben

Die Milch aufkochen, Vanillemark und Reis hinzufügen und den Reis bei mittlerer Hitze etwa 20 Minuten ausquellen lassen; dabei öfter umrühren. Den Topf vom Herd nehmen und den Reis abkühlen lassen.
50 g Zucker zusammen mit dem Honig karamellisieren. Mit dem Wein ablöschen, den Zimt hinzufügen und die Masse sirupartig einkochen lassen. Die Zwetschgen mit dem Schnaps und dem Rotweinsirup mischen und in eine ausgebutterte Form verteilen.
Den Backofen auf 200 Grad vorheizen.
Die Eigelbe mit 3 Esslöffeln Zucker schaumig schlagen. Den abgekühlten Milchreis darunterrühren. Die Eiweiße mit dem Salz sehr steif schlagen. Dabei den restlichen Zucker nach und nach einrieseln lassen. Den Eischnee behutsam unter die Reismasse heben.
Die Reismasse auf den Zwetschgen verteilen und den Gratin im vorgeheizten Ofen etwa 30 Minuten backen. Mit Puderzucker bestäubt servieren.

Clafoutis, klassisch

Für 4–6 Portionen

Butter und Mehl für die Form
120 g Mehl
4 Eier
100 g Zucker
50 g flüssige Butter
100 ml Milch
650 g kleine schwarze Kirschen, gewaschen, entstielt (nicht entsteint)
Puderzucker zum Bestäuben

Den Backofen auf 200 Grad vorheizen. Eine flache ofenfeste Porzellanform ausbuttern und mit Mehl ausstäuben.
Mehl, Eier und Zucker in eine Rührschüssel geben, die zerlassene Butter dazugießen und alles gründlich miteinander verrühren. Die Milch erwärmen und langsam unter ständigem Rühren darunterarbeiten, bis der Teig glatt und klumpenfrei ist.
Die Kirschen in der Form verteilen, den Teig gleichmäßig darübergießen und den Clafoutis etwa 30 Minuten im vorgeheizten Ofen backen. Mit Puderzucker bestäubt servieren.

Clafoutis, klassisch

Clafoutis mit Aprikosen

Für 4–6 Portionen

Butter und Mehl für die Form
120 g Mehl
4 Eier
100 g Zucker
50 g flüssige Butter
100 ml Milch
600 g Aprikosen, gewaschen, halbiert, entsteint
Puderzucker zum Bestäuben

Den Backofen auf 200 Grad vorheizen. Eine flache ofenfeste Porzellanform ausfetten und mit Mehl ausstäuben.
Mehl, Eier und Zucker in eine Rührschüssel geben, die zerlassene Butter dazugießen und alles gründlich miteinander verrühren. Die Milch erwärmen und langsam unter ständigem Rühren darunterarbeiten, bis der Teig glatt und klumpenfrei ist.
Die Aprikosenhälften in der Form verteilen, den Teig gleichmäßig darübergießen und den Clafoutis etwa 30 Minuten im vorgeheizten Ofen backen. Mit Puderzucker bestäubt servieren.

Scheiterhaufen

Für 4–6 Portionen

3 Äpfel (z.B. Cox Orange)
3 Rosinenbrötchen, in 1 cm dicke Scheiben geschnitten
Butter für die Form

4 Eier
100 g Zucker
200 ml Milch
Mark von 2 Vanilleschoten
30 g Butter
3 EL brauner Zucker
Puderzucker zum Bestäuben

Die Äpfel waschen, das Kerngehäuse ausstechen, die Früchte in 1 cm dicke Scheiben schneiden und diese nochmals halbieren. Apfel- und Brötchenscheiben abwechselnd in eine gebutterte Auflaufform einschichten.
Den Backofen auf 180 Grad vorheizen.
Die Eier mit Zucker, Milch und Vanillemark verquirlen und über die Apfel- und Brötchenscheiben in die Form gießen. Die Butter in Flocken darauf verteilen und mit braunem Zucker bestreuen.
Den Auflauf etwa 40 Minuten im vorgeheizten Ofen backen. Mit Puderzucker bestäubt servieren.

Schokoladen-Nuss-Auflauf mit Gewürzbirnen

Für 4–6 Personen

Gewürzbirnen:
400 ml Weißwein
200 g Zucker
1 Vanilleschote, aufgeschlitzt
3 Zimtstangen
3 Sternanis
Schale und Saft von 1 Zitrone
8–12 möglichst kleine Birnen

¼ l Milch
¼ l Rahm
100 g Puderzucker
40 g Schokopuddingpulver
3 Eigelb
3 Eiweiß
200 g Haselnüsse, fein gehackt
Butter für die Form
1–2 EL brauner Zucker zum Bestreuen

Den Weißwein mit Zucker, den Gewürzen, Zitronenschale und -saft aufkochen. Die Hitze reduzieren. Die Birnen schälen und von unten her mit einem Kugelausstecher das Kerngehäuse entfernen. Die Birnen im leicht köchelnden Gewürzsud 15–20 Minuten pochieren.

Inzwischen die Milch mit dem Rahm verrühren. Die Hälfte davon mit 50 g Puderzucker aufkochen. Die andere Hälfte mit dem Puddingpulver und den Eigelben glattrühren und in die kochende Milch-Rahm-Mischung rühren. Unter ständigem Rühren kochen, bis die Creme eine puddingartige Konsistenz erreicht hat. In eine Schüssel umfüllen.

Die Eiweiße mit 1 Prise Salz steifschlagen. Dabei nach und nach den restlichen Puderzucker einrieseln lassen. Den Eischnee zusammen mit den Haselnüssen unter die noch warme Schokoladencreme heben.

Die Masse in eine ausgebutterte Auflaufform verteilen. Die Birnen abtropfen lassen, in die Creme setzen und mit dem braunen Zucker bestreuen. Im vorgeheizten Ofen etwa 30 Minuten backen.

Dazu kann man süß eingelegte Preiselbeeren servieren.

Kokos-Erdnuss-Auflauf mit exotischen Früchten

Für 4–6 Portionen

Butter für die Form
12–14 Löffelbiskuits
75 ml Kokoslikör (Batida de Coco)
1 Banane, geschält
1 Mango, geschält, vom Stein geschnitten
1 Papaya, halbiert, Kerne ausgekratzt
1 Baby-Ananas, geviertelt, harter Strunk entfernt
3 Eiweiß
75 g Zucker
50 g geröstete Erdnüsse, fein gehackt
50 g geröstete Kokosraspel
20 g brauner Zucker
1 TL Curry
Puderzucker zum Bestäuben

Den Backofen auf 180 Grad vorheizen.
Eine Auflaufform ausbuttern und mit den Löffelbiskuits auslegen. Diese mit dem Kokoslikör beträufeln.
Sämtliche Früchte in mundgerechte Stücke schneiden und auf den getränkten Löffelbiskuits verteilen.
Die Eiweiße steif schlagen, dabei nach und nach den Zucker einrieseln lassen. Erdnüsse und Kokosraspel unter den Eischnee heben, die Masse auf die Früchte in der Auflaufform verteilen. Den Zucker mit dem Curry mischen, darüberstreuen und den Auflauf im vorgeheizten Ofen 5–8 Minuten backen.

Quarksoufflé mit Himbeeren

Für 4–6 Soufflés

Butter und Zucker für die Förmchen
200 g Himbeeren
1–2 EL Himbeergeist
3 Eier
200 g Magerquark
Mark von 1 Vanilleschote
1 Prise Salz
60 g Zucker
Puderzucker zum Bestäuben

Den Ofen auf 225 Grad Unterhitze vorheizen. Die Förmchen ausbuttern und mit Zucker ausstreuen.
Die Himbeeren mit dem Himbeergeist marinieren und in die Förmchen verteilen.
Die Eier trennen. Die Eigelbe mit dem Quark und dem Vanillemark glattrühren.
Die Eiweiße mit dem Salz sehr steif schlagen. Dabei nach und nach den Zucker einrieseln lassen. Den Eischnee behutsam unter die Quarkmasse heben. Die Soufflémasse in die Förmchen füllen.
Ein tiefes Backblech oder eine Form entsprechender Grösse mit Küchenpapier auslegen, die Förmchen hineinsetzen und vorsichtig so viel kochendes Wasser einfüllen, dass die Förmchen zu einem Drittel der Höhe im Wasserbad stehen. Im vorgeheizten Ofen etwa 20 Minuten backen. Mit Puderzucker bestäuben und sofort servieren.

Kokos-Milchreis-Soufflé

Für 4–6 Soufflés

400 ml ungesüßte Kokosmilch (Dose)
120 g Milchreis
2–3 EL Batida de Coco (Kokoslikör)
Butter und Kokosraspel für die Förmchen
1 EL Butter
2 Bananen, geschält, gewürfelt
100 g Zucker
2 TL Currypulver
3 Eier
1 Prise Salz
2 EL Puderzucker

Die Kokosmilch aufkochen, den Milchreis hinzufügen und bei mittlerer Hitze etwa 20 Minuten ausquellen lassen, dabei öfter umrühren. Den Topf vom Herd nehmen, den Milchreis erkalten lassen, dann den Kokoslikör darunterrühren.
Den Ofen auf 225 Grad Unterhitze vorheizen. Die Förmchen ausbuttern und mit Kokosraspeln ausstreuen.
Die Butter schmelzen und darin die Bananenwürfel mit 2 Esslöffel Zucker und 1 Teelöffel Currypulver kurz anbraten.
Die Bananen in die Förmchen verteilen.
Die Eier trennen. Die Eigelbe mit 3 Esslöffeln Zucker schaumig schlagen, den abgekühlten Kokosreis darunterrühren. Die Eiweiße mit 1 Prise Salz sehr steif schlagen, dabei nach und nach den restlichen Zucker einrieseln lassen. Den Eischnee behutsam unter die Reismasse heben. Die Soufflémasse in die Förmchen füllen.
Ein tiefes Backblech oder eine Form entsprechender Grösse mit Küchenpapier auslegen, die Förmchen hineinsetzen und vorsichtig so viel kochendes Wasser einfüllen, dass die Förmchen zu einem Drittel der Höhe im Wasserbad stehen. Im vorgeheizten Ofen 15–20 Minuten garen.
Den Puderzucker mit dem restlichen Currypulver mischen, über die fertigen Soufflés streuen und sofort servieren.

Kokos-Milchreis-Soufflé

Schokoladensoufflé

Für 4–6 Soufflés

Butter und Zucker für die Förmchen
100 g Zartbitterkuvertüre, fein gehackt
6 Eier
75 g weiche Butter
1 Prise Salz
80 g Zucker
40 g fein gemahlene Mandeln
Puderzucker zum Bestäuben

Den Ofen auf 225 Grad Unterhitze vorheizen.
Ein tiefes Backblech oder eine Form entsprechender Größe mit Küchenpapier auslegen und so viel Wasser einfüllen, dass später die Förmchen zu einem Drittel im Wasser stehen. Die Förmchen einfetten und mit Zucker ausstreuen.
Die Kuvertüre in einer Schüssel über einem heißen Wasserbad schmelzen.
Die Eier trennen. Die Butter schaumig schlagen, nach und nach die Eigelbe darunterrühren. Dann die geschmolzene Kuvertüre einarbeiten.
Die Eiweiße mit dem Salz sehr steif schlagen. Dabei nach und nach den Zucker einrieseln lassen. Den Eischnee und die gemahlenen Mandeln vorsichtig unter die Schokoladenmasse heben. Die Soufflémasse in die Förmchen füllen.

Ein tiefes Backblech oder eine Form entsprechender Grösse mit Küchenpapier auslegen, die Förmchen hineinsetzen und vorsichtig so viel kochendes Wasser einfüllen, dass die Förmchen zu einem Drittel der Höhe im Wasserbad stehen. Im vorgeheizten Ofen etwa 20 Minuten backen. Mit Puderzucker bestäuben und sofort servieren.

Süßes Karotten-Orangen-Soufflé

Für 4 Souffléförmchen

250 g Karotten, geschält, in Stücke geschnitten
2 EL Butter
Butter und Biskuitbrösel (z.B. aus fertigen Biskuitböden oder Löffelbiskuits) für die Förmchen
3 Orangen, geschält, Filets ausgelöst
2 EL Grand Marnier
3 Eier
2 EL Mascarpone (italienischer Doppelrahm-Frischkäse)
1 TL Backpulver
1 Prise Salz
50 g Zucker

Die Karotten in kochendem Wasser etwa 10 Minuten weichkochen. Abschütten, gut abtropfen lassen und zusammen mit der Butter im Mixer pürieren. Abkühlen lassen. Den Ofen auf 225 Grad Unterhitze vorheizen. Die Förmchen ausbuttern und mit den Bröseln ausstreuen.
Die Orangenfilets mit dem Grand Marnier marinieren und in die Förmchen verteilen. Die Eier trennen. Die Eigelbe schaumig schlagen. Das Karottenpüree, den Mascarpone und das Backpulver hinzufügen und glattrühren. Die Eiweiße mit 1 Prise Salz sehr steif schlagen. Langsam unter Weiterschlagen den Zucker einrieseln lassen. Den Eischnee behutsam unter die Karottenmasse heben. Die Soufflémasse in die Förmchen füllen.
Ein tiefes Backblech oder eine Form entsprechender Grösse mit Küchenpapier auslegen, die Förmchen hineinsetzen und vorsichtig so viel kochendes Wasser einfüllen, dass die Förmchen zu einem Drittel der Höhe im Wasserbad stehen. Im vorgeheizten Ofen 20–25 Minuten garen und sofort servieren.

Grundrezepte

Crêpeteig

Für etwa 8 Crêpes

100 g Mehl
¼ l Milch
2 Eier
30 g Butter, geschmolzen
Salz, Pfeffer aus der Mühle oder für süße Crêpes Zucker und Vanillepulver
Butterschmalz zum Ausbacken

Das Mehl mit der Milch mischen und glattrühren. Die Eier und die flüssige Butter hinzufügen und darunterrühren. Mit Salz und Pfeffer oder für süße Crêpes mit Zucker und Vanillepulver würzen.
Eine Pfanne mit etwas flüssigem Butterschmalz auspinseln und aus dem Teig portionenweise 8 dünne Crêpes backen.

Nudelteig (für Ravioli oder Tortellini)

Für ca. 25 Stück

2 Eier
200 g Mehl
1 EL Olivenöl
Salz

ca. 300 g Füllung (z.B. gehackter blanchierter Spinat, mit Ricotta vermischt, Hackfleisch oder klein gewürfelter Fisch)
2 Eigelb, mit 1 EL Wasser vermischt

Eier, Mehl, Öl und etwas Salz zu einem glatten, geschmeidigen Nudelteig kneten. Diesen in Folie wickeln und 1 Stunde kühl stellen.
Den Teig mit der Nudelmaschine oder auf einer mit Mehl bestäubten Arbeitsfläche in 2 Portionen zu 2 gleich großen, dünnen Teigplatten ausrollen.
Die Füllung im Abstand von 2–3 cm in kleinen Häufchen auf die eine Teigplatte verteilen. Den Teig rund um die Füllung dünn mit dem verquirlten Eigelb bestreichen. Die zweite Teigplatte darüberlegen, den Teig rund um die Füllung andrücken und mit einem runden Ausstecher Ravioli ausstechen.
Für Tortellini den Nudelteig dünn ausrollen und in Quadrate von 5–10 cm Kantenlänge schneiden. Die Füllung daraufgeben, die Ränder dünn mit verquirltem Eigelb bestreichen, den Teig zu Dreiecken zusammenklappen und an den Rändern gut zusammenpressen. Die Enden der Längskante übereinanderlegen und gut festdrücken, die Teigspitze fassen und zur typischen Tortelliniform umklappen.

Krustenmasse

Für 1 Rolle, ausreichend für etwa 4 Portionen

100 g weiche Butter
3–4 EL Püree oder Paste nach Geschmack
(z.B. Tomatenmark, Pesto, Oliventapenade, geriebener Meerrettich aus dem Glas usw.)
5 Scheiben Toastbrot, entrindet, gewürfelt, fein gemahlen
eventuell Salz

Die Butter schaumig schlagen, die Paste bzw. das Püree hinzufügen und darunterrühren. Das geriebene Toastbrot darunterarbeiten. Die Masse falls nötig noch mit Salz abschmecken.
Die Krustenmasse in einem länglichen Streifen auf ein Stück Pergamentpapier oder Alufolie geben und mit Hilfe des Papiers oder der Folie zu einer Rolle formen. Gut einwickeln und 1–2 Stunden kühl stellen. Dann in etwa ½ cm dünne Scheiben schneiden, auf dem entsprechenden Gargut verteilen und gratinieren.

Rezeptverzeichnis

Pikante Gratins, Aufläufe und Soufflés

Raffiniert überbacken

Süße Aufläufe und Soufflés

Grundrezepte